李政燮 著
簡郁璇 譯

두 개인주의자의 결혼생활

在婚姻裡，
可以兩個人狂歡，
也要一個人暢快

推薦序

在「自我小世界」和「婚姻共同體」之間，打造一道更寬廣的關係光譜

黃星樺（Podcast讀書節目「衣櫥裡的讀者」主持人）

在婚姻裡，有沒有可能找到「自我」和「家庭」的平衡，一方面讓自己過得自在，同時又讓對方感到幸福？

本書所探討的，就是這樣一種「取得平衡」的可能性。當然，這絕非一件易事，作者李政燮也並非是以「婚姻專家」的權威態度指導已婚人士，告訴大家「照做就對了」。結婚十多年的他，反倒向讀者坦承：他之所以能和老婆擁有彼此都還滿意的婚姻生活，是經

歷過無數次的衝突和妥協才摸索出來的。

這個千迴百轉「摸」出來的夫妻相處之道（同樣道理，我想也適用於夫夫和妻妻），在作者和老婆兩人出門旅行時，具體而微地展現了出來。

即使不了解對方的愛好，也能遠遠欣賞

許多人說，旅行是對親密關係的最大考驗。對李政燮來說，顯然也是如此。因為他每次去旅行，最喜歡造訪名勝古蹟，或是找個當地的公園或咖啡店閒坐一整天，「吸收」在地氛圍。問題是，喜愛購物的老婆對這樣的行程不感興趣。然而，要是讓他陪老婆去逛購物中心，卻又換他無聊到只想滑手機。那怎麼辦呢？

夫妻倆發展出來的解方，叫作「夫妻的個人主義旅行法」。所謂「個人主義旅行法」並不是各玩各的，而是以「兩年」為單位，如

果某一年一起去了兩人都想去的國家，那麼隔一年，就各自去「自己想去，但對方不想去的國家」。

即使一起旅行，兩人也照樣堅守「個人主義」原則：有雙方都想去的景點，就一起同遊；但無論如何，他們總會保留兩到三個白天各走各的，等晚上回到飯店，再分享彼此一整天的見聞。這樣一來，既可以滿足個人愛好，也可以享受兩個人的時光。

我認為，整本書不斷說明的「個人主義」原則，真正的精髓就在這裡：在享有個人空間的同時，也要學習去了解對方的愛好（當然啦，也要學習分享自己的愛好）。

這樣一來，即使你對伴侶喜愛的東西真的沒興趣，仍然可以遠遠地欣賞，在分享愛好的同時，加深對彼此的認識。

一起生活才會有的新發現

身為人夫，書裡最讓我有共鳴的一個案例，是「老婆喜歡買東西」這件事。

和作者一樣，我是個沒有太多物慾的人，但老婆喜歡到處收集紀念品，每次出門旅行總會帶回來各種東西，舉凡不花錢的植物標本、特殊石頭、漂流木等，到要花點小錢才賣得到的手工藝品，統統在她的收藏之列。十幾年下來，家裡的物品堆積如山（老婆堅持，那叫作「琳瑯滿目」，而不是「堆積如山」，而且她沒有愛花錢，只是喜歡收集特別的物品而已，望周知），為了擺放這些東西，於是我們又陸續添購了各式各樣的儲藏櫃。

幾年前，我媽家裡做了一次大翻修。老婆很喜歡媽媽家中一盞古色古香的燈罩，但我忘了請我媽保留那盞燈罩，等到想起來時，燈罩已經被丟掉了。

有一天我在開車時，坐在副駕的老婆突然鄭重其事地對我說，她人生中有三件「非常喜歡卻沒機會擁有的東西」，排第一名的，就是那盞燈罩。

我的人生從來沒有這種排名。對我來說，東西沒有就沒有，我並不在意。但老婆對那盞燈罩的反應，讓我意識到她是一個如此喜愛收集物品的人。那些她非常喜歡，卻沒機會擁有的物品，更會令她一輩子念念不忘。

想到這裡，我對老婆的認識好像又加深了一層，於是我忍不住問她：「要是當初我們分手了，再也沒復合，妳會不會把我列進『非常喜歡卻沒機會擁有的男人』名單裡？」

老婆毫不考慮地答曰：「會呀！」

「那，我會是第一名嗎？」

婚姻不用事事共享，而是尋求共存

在我的婚姻生活裡，當然也有許多「我很喜歡，老婆卻沒那麼感興趣」的事物。例如，我熱愛古典音樂，但老婆對音樂並沒有強烈愛好。她曾跟我說，她可以生活在完全沒有音樂的環境裡，專心做自己喜歡的事，但我可受不了完全沒有音樂的環境啊！我喜歡把喜愛的音樂播放出來，這可把老婆害慘了。她是一個需要花時間「培養睡覺情緒」才能入睡的人，睡前絕對不能聽任何激昂的音樂，也接受不了現代音樂當中許多聽來像是噪音的曲子。雖然我可以使用耳機，但我的心魔是，一旦戴上耳機，不就等於是讓自己退縮進一個只屬於我的小世界，把老婆排除在外？因此有很長一段時間，只要有老婆在，我都不會戴耳機。晚上想聽比較激昂的曲子時，也都只能跳過。

不過，就如這本書所說的，擁有個人的小世界，不等於把對方排除在外。在「躲進自己的空間，把對方排除在外」和「時時刻刻黏在一起，毫無自己的空間」之間，其實是長長的一道光譜，有著寬廣的可能性。對作者而言，他和老婆都想要擁有屬於自己的時光，但在感到孤單的時候，也會主動尋找彼此，互相依偎、分享體溫。

而對我來說——正如我後來才意識到的，老婆其實並不反對我掛上耳機，她只是希望我摘下耳機之後，能和她分享我到底經驗到了什麼而已。這樣一來，我既可以享受對老婆來說太過激昂的音樂，而她也能更加理解她這個熱愛音樂的老公。

不需套用公式，尋找專屬彼此的光譜

其實不只是我，我發現很多人恐怕都對婚姻有類似的誤解，以為在「縮進自己的空間」和「時時刻刻黏在一起」之間，不存在任何中間地帶。

例如在書中，作者寫道他和老婆因為睡眠習慣不同而選擇分房睡，沒想到身邊的親朋好友聽說後，都很擔心他們夫妻感情是不是出了問題。之所以如此，恐怕就是因為在主流社會的認知中，一對沒有「時時刻刻黏在一起」的夫妻，就等於是一對感情不好的夫妻。

但我相信，讀過本書後必定會發現，在「自我的小世界」和「婚姻共同體」之間存在著各種彈性空間。當然，每對伴侶的親密關係都長得不太一樣，作者和他太太的相處方式，不可能適用於所有人。但這並不妨礙我們參考作者的生活經驗，在世界提供給我們的廣闊可能性中，尋找屬於自己親密關係的平衡點。

目錄

Chapter 1

我們討厭一天到晚膩在一起

Chapter 2

就算只有兩個人也幸福美滿

前言　我們應該尋求彼此的真實面貌

日本富士電視臺播放一齣叫作《世界奇妙物語》的電視劇，它是一部每集的主角和故事背景都不同，以解開奇妙事件為主題的懸疑劇。其中，二〇一三年春季播映的《Air Doctor》是以一架國際航班為背景的故事。

一名中年男子突然暈了過去。儘管坐在旁邊的妻子仔細照料丈夫，情況仍十分危急，患者甚至沒有任何反應。「請問各位乘客中是否有人是醫生？」聽到空服員在尋找醫生，一位年輕男子從座位上站了起來。「我是醫生。」男子替患者診斷病情、並做了緊急治療。多虧於此，患者的狀態似乎暫時穩定了下來，但沒過多久又再度惡化到必須進行手術的緊急狀況。醫生表示，自己無法在缺少護理師和麻醉專科醫師的狀況下進行手術，飛機必須返航不可。就在此時，一名乘客持刀胡亂揮舞，說自己一定要去旅行，空服員立刻衝出來制伏了這名乘客，也幸虧乘客中恰好有護理師和麻醉專科醫師，最後順利替患者完成手術。隨著航班平安無事地抵達目的地，整件事似乎也跟著落幕了……

但這故事有個反轉。剛開始說自己是醫生的乘客並不是真的醫生。準確地說，他是一個在醫師執照考試中連年落榜的失意醫大生。這名醫大生無法戰勝自己內心的挫敗感，正打算前往遙遠的島國結束自己的性命，但基於想當醫生的迫切渴望，於是不由自主地挺身而出。協助治療的護理師也不是真正的護理師，而是在 Cosplay 娛樂酒店中扮演護理師角色的女服務生。聽到「有沒有護士？」這句話，她也下意識地立刻回答：「在這裡！」糊里糊塗地協助治療。

既然都說到這了，想必麻醉專科醫師也不是麻醉專科醫師吧？賓果！麻醉專科醫師只不過是名字叫作Masui（發音與日語的麻醉專科醫師相似）。聽到「在場有沒有麻醉醫師？」他以為是在叫自己的名字，所以才應聲。Masui真正的職業是漫畫編輯，唯一叫好賣座的漫畫不是別的，恰恰就是醫療漫畫，他憑著企劃漫畫所聽聞的知識，加入了協助治療的行列。

空服員也不是真正的空服員，而是恐怖份子！恐怖份子囚禁了真正的空服員，假扮成空服員，挾持了整架飛機，但某個大叔突然持刀跑出來胡亂揮舞，要求航班繼續飛往目的地。在這場騷動下，恐怖份子竟也不由自主地保護起乘客。面對全體乘客的鼓掌喝采，恐怖份子頓時心軟了，索性把戲演到最後。

最後一個，坐在患者旁邊、哭著請求幫忙的妻子，果然也不是真正的妻子！而是畢生都夢想著能擁有一段美好婚姻、卻始終無法如願的孤獨女乘客。周圍的乘客看到她照料鄰座昏厥的男人，才誤以為她是患者的妻子。「老公，加油啊！」既然遭到大家的誤會，於是她決定幫助「丈夫」到最後。

人在一生中，都在扮演被賦予的角色，像是讀書的學生、在社會上打拚的上班族，而在眾多角色之中，我認為最困難的就是扮演「配偶」的角色。其他角色在走出某個場域後就能結束，配偶卻是二十四小時不間斷，甚至還要延續到床鋪上，沒有一刻能卸下。

再者，社會對「好的配偶」這個角色的要求太多了，他必須犧牲奉獻，每分每秒珍惜對方，與對方分享一切，每件事都一起經歷，但大部分的人很難做到這樣，因為我們也不過是擁有欲望與盼望的平凡人。動輒得咎的配偶角色，導致平凡人產生了壓力，使得表面的自己與真實的自己出現不協調，所謂「婚後就會失去自我」的說法，想必指的就是這種狀況。

這本書寫的是我們夫妻倆放下世俗認定的配偶角色，持續尋找可能替代方案的故事。我們平常會使用各自的房間，在家吃飯時吃得很簡單，沒有小孩，偶爾還會獨自跑去旅行。這樣的我們，和電視上出現的「普通婚姻生活」是有一些差距的。乍看之下可能顯得太過自我，但這就是我們想要的生活方式，也因此不會對彼此產生倦怠感，而且能靠著這股能量更加珍惜彼此，享受幸福的婚姻。

希望這本書能幫助那些即將踏入婚姻卻擔憂失去自我，或者和心愛的人結了婚，卻覺得哪裡好像不太對勁、感到不滿足的人。不過，每個人面臨的狀況不同，所以這本書也不會是唯一正解，只希望透過我們夫妻的生活樣貌，了解到「原來還可以這樣生活啊」，成為你的參考選項。

前面提及的電視劇《Air Doctor》標題含意，其實是與劇中自稱是空氣吉他第一把交椅的角色有關（而且此人才是真正的醫生）。「空氣吉他」指的是徒手在半空中模仿吉他演奏的技術。看起來好像是在惡作劇，但其實不是。空氣吉他的專業表演者會創造出屬於自己的技術，也是發自真心地在演奏。芬蘭從一九九六年開始，每年都會舉辦空氣吉他世界冠軍大賽。以醫生為職業的空氣吉他演奏者，雖在電視劇中被質疑是冒牌貨，但在他的演奏中卻蘊含了熱情與真心。治療患者的假醫生並不是假的，拯救乘客的假空服員也不是假的，他們都竭盡全力扮演了自己的角色，所以都是「真的」。因此，無論我們追求的幸福婚姻是什麼樣的型態，每一段婚姻，也都是真的。

最後，我要將此書以及版稅，獻給雖然有個傻瓜老公，卻總是很珍惜他的老婆H。

二〇二一年五月，李政燮

Chapter 1

我們討厭一天到晚膩在一起

獅子座老婆 VS 雙魚座老公

決定我們人生的是什麼呢？想必不相信宿命論的多數人會回答「自由意志」。自由意志論主張，在生活中做出的每個決定，會與偶發事件時做出的每個選擇結合，左右並構成我們的人生。身為一名虔誠的無神論者，雖然一方面認為唯有這個回答是合邏輯的，另一方面又無法拋下微微的懷疑。

我會遇見現在的妻子Ｈ，真的是出於偶然嗎？

初次見到Ｈ，是我還在當無業遊民時參加的一個讀書會上。大學畢業後，我找不到工作，在家裡滾來滾去無所事事時，心想著再怎樣還是得做點什麼，就跑去參加了讀書會。Ｈ留著一頭俏麗短髮，是個自我主張明確的人，但不是那種輕率發言、負面的明確，而是只在必要時刻、以不會打壞他人心情的方式提出主張、很有魅力的明確。

在咖啡廳認識的讀書會成員們各自做完自我介紹後，我們開始討論該如何進行讀書會。當時的我，只敢偷瞄H明確表達意見的嘴巴和手勢，頓時感到無地自容，一個應該忙於求職的無業遊民跑來這裡是在幹什麼？最重要的是，前女友說我是委靡不振的無業遊民，兩個月前才甩了我，所以我也沒力氣去喜歡任何人。

換句話說，我和H另外約吃飯的動機非常單純。若引用最近的說法，大概就是飯讀（吃飯加讀書）之類的。因為感覺只有吃飯會很尷尬，所以又去喝了咖啡。在咖啡廳裡，我和H閒聊起來。

「妳的生日是什麼時候？」

「七月〇〇號。」

「那妳是獅子座耶，難怪。」

「獅子座怎麼了？」

對星座性格算是略懂略懂的我，開始說起關於獅子座的特點。

「妳知道在我們出生的那一刻，漆黑夜空的繁星位置會影響我們的人生嗎？這就是星座性格論。在妳出生時，夜空有一隻獅子神氣威武地占據了一角，而那隻獅子的氣息就這麼滲透到剛出生的妳身上。雖然有巨蟹座、水瓶座、天蠍座等無數星座，但因為星座是根據希臘神話創造的，所以單憑名稱很難推測這人的性格。舉例來說，如果只聽到射手座這幾個字，可能會聯想到射箭的殺手，但實際上這些人卻是人來瘋。

「不過，獅子座就是名副其實的獅子，這種人就像身為百獸之王的獅子，自信十足、自尊感高，在摸索要走的路時會感到幸福。因為性格直言不諱，偶爾碰上如鬣狗般的人就會起衝突……妳說什麼？喔，沒有鬣狗座，這只是一種比喻。獅子座的內心很堅強，不會在他人面前刻意擺出不可一世的樣子。根據以星座性格論聞名的美國作家琳達．古德曼（Linda Goodman）的說法，獅子座的女人最討厭的類型就是卑躬屈膝、總是無條件迎合自己的男人。就算男人想裝可憐、激發母性也完全不管用，因為獅子座想要的不是臣子，而是騎士。妳說跟哪個星座最合嗎？這個嘛，適合獅子座女人的男人星座，應該是雙魚座吧。

「雙魚座是個會用自己的眼光看世界的族群，世人追求的目標並不重要。這些人很敏感，想像力也很豐富。雙魚座也具備獨特性，當其他星座的人都在鑽研眼前的狀況時，雙魚座的人會退後一步觀望。儘管有時因為只顧著觀望，也會造成一些問題就是了。雙魚座泰然自若的特性似乎和獅子座很合。啊對了，這麼一說，我正好就是雙魚座呢。」

其實前面說的內容有一些是謊言。就一般論點來看，跟獅子座女人最不合的男人星座就是魔羯座和雙魚座。據說獅子座女人碰上默默忍耐的魔羯座，脾氣就會爆炸，若是碰上幻想家雙魚座，就會每天吵架。我搜尋了一下，兩個星座的結婚指數（雖然不太懂這是什麼玩意）在滿分一百分裡只有四十分，上頭說：「如果要形容這兩個星座，最貼切的一句話就是水火不容。」

儘管星座相剋，但我很喜歡H，幸好H對我的印象也不差。後來我們開始交往，也在戀愛長跑七年後結婚了。那麼，我們的婚姻生活過得如何呢？

「我們下輩子也結婚吧。」

「老公，我拒絕。」

其實她的意思是「好」。典型的獅子座和雙魚座相遇後，我們的婚姻生活依然如俄羅斯方塊般配合得恰到好處，美滿又幸福。儘管彼此有很多不同的地方，但重視個人生活的「獨立性」這一點卻是一拍即合。結婚沒多久我們就分房睡了（竟然分房睡，聽起來很嚇人吧？但只不過是擁有各自的房間罷了），偶爾也會獨自去旅行。準確地說，我們是透過夫妻協議，約定好第一年獨自旅行，第二年則是夫妻一起旅行，如此一來就能兼顧各自享受和同行的樂趣。兩個人恰恰好，所以我們也決定不生小孩。

儘管親朋好友不斷把他人打造的正解與標準硬是套用在我們身上，像是「分房睡，夫妻感情會疏遠」或是「再怎麼說還是要有個孩子吧」，但我們會把一切回歸原點，將焦點放在我們真正追求的人生上，所以我們能確保自己的獨立性，也因為各自獨立，所以在真正必要的時刻，能依靠彼此而不會產生疲乏。

所以說，這本書是寫給那些希望在不失去自我的前提下經營婚姻生活的人。「結婚後，我的生活卻逐漸消失了」「我打算結婚，但很擔心我的人生會就此終結」「我們不打算生小孩，但這樣好嗎？」……假如你有這些煩惱，讀了這本書之後或許會有幫助。大概就是「試著用這種觀點看待婚姻生活怎麼樣呢？」的感覺吧。希望大家別把這本書當成解決方針，而是視為一種婚姻生活的健康營養補品。

讓我們回到第一個問題：決定我們人生的是什麼呢？可能是自由意志，也可能是星座命盤，但我認為「一起生活的人」也是左右人生的重要因素。無論內在再怎麼強韌的人，只要與同住一個屋簷下的人合不來，就不可能幸福。婚姻這個課題說大不大，說小也不小，但願各位在迎接這個人生章節時，都能不失去自我。

我無法和別人一起生活

　　這是十五年前，在我大學畢業前夕發生的事。住在新村半地下房間的我，正在眾多網路社團裡四處翻找求職互助讀書會時，腦袋卻閃過了這個想法——「看來我可能永遠都沒辦法和別人一起生活了」，以此為起點，其他念頭冷不防地一個接一個出現，最後都變成了肯定句。當時我是個尚未找到工作的應屆畢業生，迫在眉睫的無業人生正等著我，又剛被女友甩掉沒多久，但並不是這些現實的痛苦讓我下定決心要獨自生活，認真說起來，恰恰相反。

　　自從大一暑假跟同學去旅行，我和社團認識的朋友開始交往，整個大學期間，我都在談戀愛。我算是一旦談戀愛就會交往很久的類型，在大學的六年間[1]交了兩個女友。她們都是性格和能力比我出色的人，果不其然，畢業後也都找到了好工作。但各位也明白，不是只有人不好，關係才會破裂。我和女友為了一些當時看得很重、現在看來根本雞毛蒜皮的理由起爭執而分手了，就在大學生活進入尾聲時，我迎來了久違的單身狀態。

和心愛的人一起度過的時光為我帶來了兩種情感。首先是幸福感。「愛」這種情感彷彿是替名為「人生」的料理加入特製醬料，只要和心愛的人在一起，就算只是平凡地看個電影，也會成為讓人小鹿亂撞的經驗；一波三折的下班路，也會因為盡頭有個等待自己的戀人，轉變成一趟幸福的旅程。也就是說，「和戀人在一起」這個理由，使所有微不足道的事都成了一種享受。想必大家都有過這樣的經驗，明明和昨天沒有半點差別，可是單憑「愛」這個理由，就使一切截然不同。

問題在於，與女友相處的同時，其實也在消耗我的社交能量。若用流行話來形容，應該就是感覺自己被掏空了。在一起時，必須每分每秒將焦點放在對方身上，如果對方開了玩笑就要笑，還要討論該吃什麼，必須不間斷地做出行動和反應。也許你會想說：「不是大家都這樣嗎？」話是沒錯，但我就算是和喜歡的人在一起也會消耗能量，所以需要能補充能量的個人時間。就算只是望著天空發呆也無所謂，只有停止一切溝通，獨自做自己的事，我才能夠充電。

但是在與女友同校的情況下，要擁有個人時間並不容易，要說出「我需要短暫的個人充電時間」也有點尷尬。因此，雖然當時我總有種能量枯竭的感覺，卻不知道理由是什麼。

被女友甩了後，我差不多消沉了三週，終於覺得自己不能再這樣

1 韓國男性通常會在大學就讀期間，休學兩年去服兵役。

墮落下去，於是走到了新村的街上，漫無目的地徘徊，看到什麼店就進去吃個飯，如果突然想看書，就找個地方坐下翻書閱讀，漸漸地，我的腦袋內有股清風拂過的感覺。我盡情地享受不必與任何人連結的時光，同時感覺到自己身上注滿了能量。我回到家，在搜尋讀書會時產生了這樣的念頭——看來我可能永遠都沒辦法和別人一起生活了。

戀愛時至少還有「各自的家」這個空間，若是婚後住在一個屋簷下，在公司有同事、在家又有另一半，等於每分每秒都無法擺脫他人的視線，完整屬於自己的時間也就不見了。當時，人生就像是由兩種商品方案構成：商品一，雖然能和女友甜甜蜜蜜地膩在一起，但必須時時刻刻與人交流；商品二，永遠單身，愛怎樣就怎樣，只是，這樣的生活固然自由，也會非常孤單吧。

但如果非得從兩個方案中擇一，我猜，商品二會是我的選項。

無論是商品一或二，既然我都大學畢業了，就得想辦法謀生，所以我參加了求職互助讀書會，在裡面認識了現在的老婆。老婆跟我一樣都是性格獨立的人，也需要獨處的空間與時間，而且不管和誰交往，都不打算放棄自己的偏好與目標。更棒的一點是，老婆和我不一樣，是個有話直說的人，只要有人闖入自己專屬的領域，無論多愛對方，她都會立即反抗。但我們也不是當對方說需要個人時間時就會爽快答應，還是會稍微不滿地念個兩句，最後還是會體諒對方。我們雖然同住一個屋簷下，但並不會妨礙對方專注做事的時間，只有需要彼此時才會去找對方，而這種模式到現在就如喝水般自然。

假如有人問我，「獨立自主」與「愛」，何者為優先？我會回答，兩者加在一起，才是使對方成立的互補要素。因為有愛，所以能認同對方追求跟我不同的生活；因為能保有獨立的個人生活，才有餘裕去灌溉更深切的愛。

我不曉得世上是不是還有像我一樣的人，萬一你擔心婚後會受到過多束縛，排斥和任何人一起生活的話，不妨去認識和自己相似的人吧，我相信，這樣的人必定存在。

婚後最大的不同

「婚後最大的不同是什麼呢？」

幾天前在酒席上，一位後輩如此問我。後輩即將結婚，算是在徵詢前輩的建言，但這個問題一如往常地難以回答。

「我也不太清楚，好像沒什麼變耶。」

「可是您原本是一個人住，後來才和大嫂住在一起，應該會有些限制之類的吧？」

我算是比身邊的朋友早婚，而且在他人眼中，我也算是擁有自由幸福的理想婚姻（實際上也是如此），所以經常有人請教我關於婚姻的問題。畢竟報章雜誌經常刊登或報導有人在婚後失去了自我的文章。想必就一般而言，婚後都會發生一些變化，那我就來好好探究一下吧，究竟有什麼地方不同。

我在記憶中搜尋，想起結婚初期曾經感到有一些壓力。因為我從十七歲就搬到外面，一個人住已經習慣了，所以結婚生活的每個環節都讓我很不自在。最具代表性的例子就是週末早上，我是很晚才睡覺的夜貓子，老婆卻是和我相反的晨型人。如果是平日，因為隔天還要上班，所以只能早點上床睡覺，但如果是週末或休假，我就會把上午的時間全部拿來補眠。因為我前一晚一定會通霄看電影或玩遊戲。

在結婚初期，早早就起床的老婆覺得一個人很無聊，曾向我表達不滿，要我早睡早起。基於必須配合老婆的義務感，我曾躺在床上徹夜未眠，週末早上也硬逼自己起床，整個人以病懨懨的狀態撐過上午。

我把既然結婚了就應當怎麼做的「義務感」套用在婚姻生活的每

個地方上。「既然是夫妻，就必須時時刻刻黏在一起」「既然結婚了，就該經常拜訪兩邊的家人」「既然結婚了，就該早點回家，週末也要一起度過」「既然結婚了，就不能花太多時間在自己的嗜好上」……這些話，我們也都一一遵守了，並不是因為有人叫我們這麼做，而是因為不曾深入思考過婚姻生活應該是什麼樣子，才會不由自主地遵循典型的婚姻模式。

但是，該遵守的都遵守了，為什麼生活卻過得一點都不開心？就宏觀的角度來看是很幸福，但在微觀的日常中，我始終沒辦法做自己想做的事，就這樣一天度過一天。

婚後過了幾個月，有一天老婆加班晚回家，比較早下班的我則是把累得像條狗的身體往沙發上一扔，打開了電視。因為懶得準備晚餐，我直接訂了外送。擺脫一整天必須與別人溝通的地獄後，我彷彿搖身變成日劇《孤獨的美食家》的主角五郎，隨心所欲的獨處時光讓我感到無比幸福。在這段時間內，我不想受到任何干擾，甚至還自私地希望老婆能再晚點回家。當大門的電子鎖伴隨音效開啟，老婆走進家門的那一刻，我甚至有種美好時光就此告終的失落。

不該是這樣的，一定是哪裡出了錯。我從那時開始思考結婚時不曾思考過的問題——「婚姻生活應該是什麼樣貌」。要找出答案其實沒有很難，只要將生活中「必須這樣做」的部分去掉，兩人取得共識後，自行選擇我們想要的方式就行了。討論後的結果，我們開始使用各自的房間，週末有一天會保有獨處時間。當然啦，這並不是說看到對方卻視而不見，而是如果有一人想獨自看電影，那麼這段時間另一個人就去做別的事。我看書時，老婆也會短暫外出。享受自己生活的從容，有了生活的呼吸空間，共處的時光也更幸福了。

因此，回到最初的問題。如果要回答婚後最大的不同是什麼，那就是它讓我開始思考，在日常生活中，我想要的是什麼。相較於單身生活的自由自在，婚姻生活的確有其限制，這反而促進我思索該怎麼做才能減少壓力，以及如何兼顧個人與雙人的快樂。

還有一個改變之處，那就是我明白了自己的極限。也許有些人聽了會翻白眼，但婚前我自認為是個不錯的人，我以為只要是為了心愛的人，可以無怨無悔地犧牲奉獻。要是老婆聽到我這番話可能會嗤之以鼻，但當時我真的這樣以為。但婚後我發現，所謂犧牲奉獻根本是鬼扯，當無法如我所願的事累積得越來越多，我就會無形中擺出不耐煩的臭臉。讓我的不足一覽無遺的不是包容我一切的父母，而是和我緊密相連、一起生活的伴侶。我認為，無論是結婚、同居或其他共同體形式都無所謂，萬一你即將與心愛的人結婚，建議最好先嘗試同居，你將會獲得不亞於閱讀哲學書籍的深刻省察。

昨天老婆打電話請命理師算命。這是一種透過電話、不必面對面的算命方式。命理師對老婆說，我們夫妻倆會一輩子像好朋友一樣相處。

「他會不會都只講好話啊？」

「才沒有，昨天其他朋友打電話給他算，結果命理師說要和老公保持距離，最好不要太靠近。」

「什麼啊……感覺有點恐怖耶。」

我忍不住想，假如我和老婆不是夫妻而朋友，我們會合得來嗎？我稍微探了一下口風，結果老婆斬釘截鐵地說我們絕對不可能變熟，說她會喜歡我，是因為我是老公。什麼啊……果然聽起來很恐怖。

不在婚姻中失去自我的三大要訣

①認清不可能有每個面向都合得來的人。要是什麼想法都沒有，就容易產生衝突，我稱為「婚姻的預設值」。承認兩人的喜好、習慣和期望很難完全一致的事實吧！

②準備好屬於自己的洞穴（時間、空間），擁有一個當自己體內累積負面能量時，能夠鑽進去調整呼吸的房間。若是很難做到，最好也要有能獨處的短暫時光。

③制定「打造兩人生活」的計畫，像是如何度過週末，把旅行分成「自己想要的」和「為對方著想」兩部分來思考，家務事也最好平均分攤。

找樂趣是自己的責任

我和老婆提前去百貨公司買聖誕節禮物。開車前往的途中，老婆心情很好，興致很高昂，不僅嘴角揚起，雙眼也閃爍著光芒。

我看著老婆說：「H，妳看起來心情很好耶。」

「當然囉，和我心愛的老公一起外出耶，心情能不好嗎？最近整天都在公司工作，不然就待在家，我都快悶死了。」

老婆在說謊。她之所以這麼幸福，是因為自己即將收到的禮物。這倒也是，畢竟我們可是在去買所謂名牌包的路上呢。

「老公，我可以買包包嗎？」

幾天前，在看電視的老婆悄悄問了一句。我說，如果需要包包就買啊，沒必要獲得我的許可，就算是夫妻也有自己的選擇權。

「不，這個有需要獲得你的許可，因為是你要買給我的。」

啊，原來如此，如果是我要出錢的話，嗯……那當然需要我的許可了。

「可是衣櫃裡已經有很多包包了耶。」

「我沒有包包，我都是扛著包袱。」老婆擺出一臉正經貌。

「呃……那邊那個……」

我指著洗衣籃上方的包包，但話音未落，老婆就使出輕快的貓貓飛拳攻擊我的嘴角。老婆說她有看上的包包，但價格有點貴，我問多少錢，老婆又反問，我可以接受的價格到哪裡。

在說出價格前，我要先補充說明，老婆是個相當珍惜物品的人。從衣服、皮鞋、包包到家電用品，她喜歡購入好東西並小心愛護，這會為老婆帶來莫大的喜悅。老婆並沒有購物上癮，自制力也很強，只會在不造成問題的範圍內沉迷事物。她會看著鞋櫃的「孩子們（鞋子）」說：「感覺就像和這些好朋友一起外出。」不然就是看著衣櫃裡的「孩子們（包包）」說：「它們就像一件藝術品。」

老婆一整年都忙於工作，還要辛苦照顧老公，她既然這麼想要，我買個包包給她也不為過。幸好手邊還有一點閒錢，所以我把預算拉到一個滿高的額度，老婆頓時整張臉都亮了起來。

「老公，你要好好陪我挑喔。」

去買禮物的路上，老婆對我千交代萬交代，說自己已經挑了幾個包包列入候選名單，要我以客觀角度進行多方考量，建議她選擇哪一個。百貨公司的名牌專櫃看起來很清閒，客人和店員的比例是一比一。本來以為是受到新冠肺炎疫情影響，才沒有顧客上門，沒想到是場誤會，原來是名牌專櫃有入場人數限制。因為我從來沒去過名牌專櫃，當然不會知道。雖然是平日，但我們前頭有超過十組人在等候。我們在等候自動服務機輸入手機號碼，如果輪到我們，就會傳簡訊通知。等待的同時，我和老婆跑去逛其他專櫃。D專櫃幾乎沒人在等，我們就當作殺時間進去逛了一下。老婆對一個小型灰色包包感興趣，雖然這個包沒什麼獨特之處，但做工感覺不錯。問了一下價格，聽完後我才總算知道這個包的特色是什麼——價格真的很有特色。我的天啊，這個居然要六……哎，別說了。

我跟老婆說，這個價格不行，老婆說：「我也知道，只是看看而已，等以後賺了大錢再來買。」雖然不知道身為平凡上班族的我們，是否真有能買得起那個包包的一天，但畢竟有夢最美、希望相隨，暫且就先這樣吧。

又等了頗長一段時間，當我的雙腿開始感到痠痛的那一刻，專櫃終於傳來通知。店員拿出幾個被老婆相中的包。第一個是和我的便當盒有百分之八十七相似的圓筒包。要買這個？店員察覺我的瞳孔正不解地晃動著，笑著說：「這是女人會喜歡，但男人不怎麼愛的風格。」我也知道，女人和男人的喜好天差地遠，但這個真的長得很像便當盒；第二個包包是個我比較能理解的設計，是個貌似以男用醫生包為靈感，看起來很大眾化又帶有高級感的黑色皮革包。雖然平凡，線條又隱約透出優雅。店員說，這是個日常能輕鬆搭配的包，但價格卻一點都不輕鬆；最後一個是旅行用復古方型包，尺寸設計得極小，設計很獨特。雖然真的很精緻漂亮，但尺寸實在是小到連老婆隨身攜帶的 iPad 都放不進去。

我話才說完，老婆就說：「不放 iPad 不就得了？」這個名為包包的類別究竟圖的是什麼？但我領悟到了，對老婆來說，包包的核心並不只限於物品的攜帶功能，如果是真的真的很漂亮的話，就算只能放一丁點東西也沒關係。

我們把長得像便當盒的包包排除在候選名單之外，決定從黑色皮革包和迷你小包中選一個。我和老婆開始設想各式情境，斟酌哪個包包才是更需要的，可是終究沒能做出結論。雖然平時帶黑色皮革包去上班很方便，但若要當成外出打扮的亮點，迷你包更有用。所以，我提出了哲學上會使用的「思考實驗（假設特定情況實際發生時，預想自己會做出什麼舉動的方法）」，我要老婆想像一下，假如帶其中一個包包回家時，週末看著那個包包，並回想另一個放在百貨公司沒有帶回家的包包時，會有什麼心情。

老婆坐在專櫃的椅子上，腦中短暫張開了想像的翅膀。聚精會神的老婆臉上閃現了頓悟的光采。「老公，我要挑那個黑色包包！」就這樣，老婆有了人生中價格最昂貴的包。雖然我的皮夾整個都扁了，但只要老婆開心幸福就好。

我會突然提到存了錢卻突然買了個名牌包給老婆的事，是為了表達，每個人感到幸福的要素都不一樣。有的人從旅行，有的人從學習，也有的人是從工作成果中尋找幸福，並不是成了夫妻後，兩人的幸福取向就會突然同步，可是我們卻經常貶低對方的快樂來源。例如有人會說從購物中尋找幸福是錯誤的，或者會在結婚的那一刻便以「犧牲」這個字眼來過度限制對方的樂趣。

把「應該怎麼做才是幸福」奉為圭臬，這一點都不切實際，到頭來也只會導致彼此無法享受日常的幸福。幸福的婚姻不該捨近求遠，只有老公平時過得幸福，老婆平時也過得幸福，兩人的婚姻才會幸福。因此，只要不會引發嚴重問題就好，希望各位往後都能認同彼此的幸福取向。

老婆提著包包走出百貨公司，眉開眼笑地說已經決定好明年的聖誕節禮物是什麼了。因為答案已經呼之欲出，我一點都不感到好奇。肯定是剛才在苦惱要不要買的迷你包吧。老婆果然早就都計畫好了。

極簡主義老公 VS 極繁主義老婆

「老公，你在做什麼？」

老婆將全身的重量搭在我的背上，親暱地喊我，通常這種時候，表示她心有所圖。

「我可以最後再買個鍋子嗎？」最近老婆對做菜產生了興趣，但她和做事漫不經心的我不同，只要有了一項興趣，就會研究得非常徹底。如果提議要吃日本定食，老婆就會用親手調製的醬料蒸豬肉做叉燒蓋飯，連附餐的炸物、該有的配菜一個都不會落下，打造出原汁原味的完美料理。但問題在於，我們家的廚房本來就夠窄的了，現在擺滿了各式各樣的材料和料理用具，已經多到快無容身之處。

就像有人對登山或露營產生興趣後，就會衝動地立刻入手高級裝備，這種症狀常被稱為「裝備病」，老婆也有這種症頭。

「才沒有咧，我也忍耐很久了好不好，最後只買真的需要的。」

儘管老婆在一旁反駁，但說話還是要誠實，患上裝備病的老婆對料理產生興趣不過三個月，就已經買了蒸鍋、釜飯專用鍋、各種精美碟子、氣炸鍋、保鮮盒和其他雜七雜八的。維持了十年極簡風的雙薪夫妻的廚房，在短短兩、三個月內變成了極繁風。

老婆做菜給我吃當然很感謝啦，廚房的空間變小變窄也還能忍受，但另一方面我又忍不住煩惱：老婆的這個興趣又會維持多久？之後她又會買什麼呢？

雖然老婆總因忙碌的工作累得像條狗，但她又很討厭躺著耍廢的休息方式，因此會馬不停蹄地培養五花八門的興趣，像是畫油畫、學芭蕾和瑜珈、學做麵包和餅乾，也參加過股票同好會。當興趣走向終點時，最後只留下了副產物。極繁主義者我老婆也很喜歡布置家裡，到現在也還是常買東買西。

某天晚上，老婆愣愣地站在廚房，凝視著微波爐和餐桌之間的空隙說：「這裡需要放個收納盒，我們家需要收納盒。」

「有收納盒也不錯，不過就讓那個空間留白怎麼樣？」

「少說廢話！我們家就是需要收納盒。你看那邊，餐桌上一堆零食。」

想買料理器具的老婆和不讓老婆買的我之間的鬥嘴，通常都會以「這真的是今年買的最後一個東西了！」的決心作結，可是之後又會以老婆的愛情攻勢和「這真的真的是最後一個」的說詞延續下去。而且話說回來，這次買的鍋子真的超級大！是個面積很大的圓鍋，尾端嵌著金屬網般的東西，應該是炸物用的鍋子。也就是說，使用方式是把炸好的炸物撈到上頭放著。鍋子的外型不錯，至少

（把不斷搜尋物品與購買當成興趣的）老婆具備了挑好東西的審美眼光（雖然貴到嚇死人），入手的東西都很時髦，和我們家廚房的色調風格也很搭。

極簡主義者老公和極繁主義者老婆，結婚初期因為兩人取向不同，三天兩頭就吵架。假如我的不滿是「為什麼一個小小的家裡需要買那麼多東西回來放？」老婆的不滿就是「為什麼連需要的東西都不買，卻要承受日常生活的不便？」就結論來看，雙方都不是完全正確。無線吸塵器是個好選擇，廁所的磁磚清潔刷卻是完全的失敗；咖啡機大成功，大型果汁機一年用不上幾次，怎麼看都應該算是失敗。但每當我挑剔起這些，老婆就會拿出果汁機，打點什麼東西來喝，同時說：「哪會，超好用的好不好。」

如今我們的生活比較寬裕，也很了解彼此的喜好，所以不會發生嚴重大吵的情況，頂多就是隨機應變，拉長老婆買東西的間隔時間。我會朝「這個月要是買了什麼，至少下個月就什麼都別買」的方向誘導，不過老婆也在歲月的洗鍊下練就一身說服的好功夫，所以事情並沒有如我所願。

看到老婆在自己的房間不斷蠕動腳趾頭、瑟瑟發抖的可憐模樣，我問她是不是會冷？結果老婆回我：「地板太冰了，我覺得很冷，要是有地毯就好了，嗚嗚。」她是怎麼知道裝可愛加裝可憐會對我管用的？

「年輕時夢想改變世界，婚後希望改變另一半，但最後才領悟，能改變的就只有我自己，這就是我們的人生。」

這是我和老婆談戀愛時不知在哪裡看到的句子，起初聽到覺得頗有道理，就把它記在心上，但婚姻經營得越久，越覺得這句話其實說錯了。說出這段話的人所期望的，想必是事情朝著自己認為好與正確的方向改變。而人呢，不管是誰，都會覺得和想法、行事作風都與自己相似的人相處比較自在，可是在這相似之中，卻少了變數。

當另一半和我不同時，那些不同也會為我們的生活帶來變化。曾對旅行退避三舍的我，在認識喜歡旅行的老婆後，明白了陌生地方的魅力。曾經會說「為什麼要特地跑去國外？看影片就好了啊」的我，最近卻在計畫等新冠肺炎疫情結束後要去哪裡。不只如此，認識老婆後我也明白了布置家居的樂趣，還有到處尋訪美食餐廳有多好玩。甚至我原本很討厭單寧的乾澀口感，所以不喝葡萄酒，但託老婆的福，現在也開始懂得小酌了。

我只結過一次婚，也沒離過婚，所以不懂為什麼夫妻要離婚，但我在想，在分手的原因之中，沒有變數的生活所帶來的「無聊」會不會占了很大的比重？至少多虧了每天都在摸索不同領域的老婆，我完全沒有感到無聊的時候，這也算是一種幸運吧。

不久前我上了一門心理學課程，教授說：「對人類來說，無聊是一種和物理疼痛感不相上下的莫大壓力。實際上，若要求一個人從被綁住不動與接受電擊中擇一的話，他會選擇接受電擊。」

呃，教授，好像還是哪裡怪怪的。

請不要越線唷

「這樣也沒事？沒吵架？」

這是我在分享婚姻大小事時，好友們對我說的話。說起老婆對我做出什麼行為時，一部分人會感到錯愕，一部分人則會語帶懷疑地直呼不可能。

「弟妹在梳洗時，你都會在廁所門旁講故事給她聽？是要講什麼故事？」

「都可以啊，看是講那天的新聞或科學常識之類的。」

還有，聽到我說老婆在叫我，結果我去她房間後，她卻要我把自己手搆不著的手機遞給她，好友大喊道：「這也太超過了吧！」

女性友人Z煞有其事地分析：「一定是因為你平常都對別人漠不

關心，只做自己的事，沒有給老婆足夠的愛。是人都需要被愛、被關心的感覺，但你沒做到這點，老婆才會動不動就提出要求，因為她喜歡你在她需要的那一刻去找她。」

若用這種角度去想就能理解了，心情也輕鬆不少，但問題在於，我並沒有對老婆漠不關心啊，反而是如果我在旁邊黏著她，她還會不斷揮手把我趕走。

我在兩年前出版的散文集中寫道：「老婆總是處於七分左右的生氣狀態。」結果有位讀者在讀後感中寫道：「可是，作家您怎麼有辦法和總是處於七分左右生氣狀態的老婆生活呢？」若是要我回答，首先我會說，我一刻也沒有忘記老婆非常珍惜我、愛我的事實。畢竟我也是人，所以老婆感到不耐煩時，我也會心情不好，但僅此而已，我不會進一步產生想要搞砸關係的念頭。我不會召喚過去的記憶，心想：「她以前不是也這樣那樣嗎？她一定是在無視我。」

輕率地將其一概而論，引發爭吵。

換句話說，就是遵守想法的界線。

但我們夫妻倆畢竟也不是機器人，若是爭吵戲碼一再上演，就很容易越線。這時，希望的曙光仍是遵守界線。婚姻最大的缺點（是否不應該說是缺點？）就是夫妻成天黏在一起。在公司遇見沒禮貌的客戶，帶著壞心情下班，心情已經夠亂了，這時只要有人說了句什麼，就很容易神經質地做出尖銳反應。戀愛時期，碰到狀態糟糕時只要不跟女友見面就好了，但婚後就不行了。婚後吵架的頻率要比婚前頻繁，站在理智的末端爭吵，很容易就會不顧前後地攻擊對方。

但老婆不會。她雖然很常生氣，但也很快就氣消。她的攻擊是屬於頻率高、指尖卻不帶殺氣的那種，就算是批判對方也不會絮絮叨叨地講一大串。聽朋友說，甚至還有人會把彼此的家族史也扯出來吵，不知道最後他們能不能收拾殘局。

在不越線的爭吵中，存在著避免造成傷害的上限。而且，老婆好像懂得測量我情緒的魔法，根據我的心情，她的攻擊力道也會不同。當我狀態不錯時，她就會積極展開進攻，但如果我的心情不好，她也會按捺住怒氣，反而待我比平時更好。

幾年前，我在公司碰到令我非常痛苦的狀況。具有逃避傾向的我沒有向任何人說，一直憋在心底，甚至也沒向老婆提起，只是態度顯得很冷淡。要是另一半沒來由地連續發牢騷、低氣壓好幾天，誰都會忍不住發火，老婆當然先對我開砲，但後來態度有了一百八十度的轉變。第一天，老婆早早就上床睡覺，也因此有了緩和情緒的時間，從第二天開始，老婆反而對我好聲好氣。

「老公，你的電腦不是很舊了嗎？是不是該換了？」我覺得很麻煩，老婆卻拉著我的手去店裡，買了新電腦給我。又過了一週，我的狀況有了改善，老婆果然也靈敏地嗅到這點，於是恢復了本色。

「老公，我之前就叫你別這樣了吧？上次我可是忍下來了。」

「哎喲，抱歉。」

夫妻間不該隱藏情緒。這句話並不是要大家想發洩就發洩。夫妻之間的情緒，並不是每天都在白紙上從頭寫下的內容，而是靠前一天、前兩天、許久前寫下的所有言行累積而成的，即便在最糟的那一刻，希望大家也不要越線。

辦婚禮需要的策略

假如要我替我們夫妻的婚禮打分數，滿分一百分大概會是九十分。過程中，周圍的人沒有出現太大的雜音，婚禮也沒發生讓我們丟臉到不願回想的狀況，最重要的是，身為當事人的我們都沒有承受到太大的壓力，就順利辦完了婚禮。我們將繁複的程序最小化，集中在兩人的幸福上頭。

婚禮是個只要向已婚的朋友詢問，大家都會接連搖頭加嘆氣的玩意，我們能做到這樣，已經算是很成功了。因此，我想向有一天要籌備婚禮的讀者傳授一些要訣……不過，等等，話還是得先說清楚——在韓國，婚禮真的是小倆口能選擇的嗎？無論制定再怎樣滴水不漏的計畫，在愛管閒事的力量面前，大概都會化為一盤散沙吧。

「還是得準備聘禮吧。」

「親戚A他們家辦婚事時，連賓客的禮物都準備了。」

所謂的婚禮，是屬於父母、對父母下指導棋的親友、八竿子打不著的遠親等愛管閒事星球的管轄範圍，所以新婚夫妻經常會覺得自己面對的是不可抗力的龐大自然災害。但越是這樣，我們就越該做好準備、訂立原則、堅定意志。

現在就來講講我們夫妻倆籌備婚禮的故事。

一場神聖的婚禮，首先就該從錢談起。婚禮是與金錢的抗爭，是個無處不散財的儀式。買房要花一大筆，打點生活用品與家具又要再花一大筆。租用婚宴場地，還要負責數百位賓客的餐費，數百萬、數千萬瞬間就蒸發了。結婚當時我們已經出社會約四、五年，算是有點積蓄，但各方面的資金還是不足。我們將存款與借來的錢合起來，兩人不斷腦力激盪的結果，將解決方案縮小為兩個方向：

第一個策略是將資源平均分配，避免房子、生活用品、婚禮場地、聘禮、新婚旅行等各方面都走到最糟的狀況。雖然每一項都不可能百分之百滿意，但至少不要引起太大不滿，也能降低與兩家之間的摩擦。但這個方法並不符合獨立特質強烈、喜好分明的我們。

第二個策略是決定要將力氣投注在某幾個部分，接著閉上眼睛放棄剩下的。

我們選擇了後者，將資源投入在第一順位——「房子」。

「我們竟然成為大韓民國首爾的房東了！」

十九歲以後，我就以全租[2]的方式在外頭住了十幾年，現在我竟然有了自己的房子，心中真是亂感動一把的。不過拋開這種情緒之後，我們發現其他方面能花的預算果然大幅減少了。於是我們將家

2 租屋者提供一筆押金，之後不需再支付任何租金，租約到期時，房東需將押金全數退回。

具、家電等物品都最少化，只入手「若是少了，生活就會有困難」的物品。像是老婆沒辦法睡地板，所以我們買了床，還買了瓦斯爐、冰箱、兩人要坐的沙發、咖啡桌和收納櫃，然後就沒了。餐桌呢？沒有，在咖啡桌上吃就好。電視呢？我把先前自己住時用的十五吋迷你電視帶來了。不看電視，看書也行嘛，大概就是這種方式。

看著空蕩蕩的家裡只放了幾樣家具的光景，我忍不住讚嘆：「好美，好像現代咖啡廳啊，房子看起來也寬敞。」

老婆皺著眉頭回答：「少說廢話，努力存錢吧。」

老婆就是這樣，總是非常積極進取。我認為承受不便、一點一滴地打造家的過程也是種人生樂趣。

我們決定舉辦 House Wedding，但並不是真的在家中舉辦，而是在相對比較小的空間邀請小規模賓客的方式。雖然內心很想只找大概三十人左右、簡單地辦一辦就好，但又不能在發喜帖時說：「我們的婚禮辦得很小，不必非得親自跑一趟，心意有到就好了。」就算再怎麼縮減名單，兩家人和親友人數加起來也快三百人。我覺得這樣不行，就和老婆特地跑了一趟當時在House Wedding界中剛開業不久、作為後起之秀的婚宴場地。畢竟不是業界龍頭，感覺比較不會擺出趾高氣昂的態度，溝通也比較容易。幸好實際上也真是這樣，所以最後我們以最精簡的選項籌備婚禮。從選項中縮減的清單如下：

1. 幣帛[3]：好像是要穿著韓服問候家長吧，但我們也沒仔細研究就直接刪去了。
2. 婚紗照：反正感覺以後也不會看，就沒拍了，有婚禮當天拍的照片就夠了。

3 新人正式拜見新郎家人及親戚的傳統儀式。

3. 禮品[4]：雙方都決定不準備。雖然有人提出：「還是得做做樣子吧。」但我們拚老命的擋了下來。

4. 戒指：為了婚禮交換戒指的儀式，買了最簡單的款式。

5. 禮服：兩人都是租的。儘管禮服負責人建議：「男士往後還可以當成西裝穿搭，趁這機會入手也不錯。」但我鄭重地拒絕了。

6. 花飾：選擇了最少的裝飾。雖然有提供婚禮結束後可讓賓客帶走的包裝服務等各種選項，但我們全部拒絕了。

7. 其他：蛋糕、婚禮小幫手等五花八門的選項全部刪掉。

我們倒是在賓客餐點上做了不少投資。至少必須為前來祝賀的人展現誠意，不能不管三七二十一就走極簡路線，也花了時間研究套餐菜色並親自試菜。

「我們要選七萬元的西餐菜色。」

「好的，那麼酒類呢？燒酒和啤酒是基本，也要準備葡萄酒吧？」

「葡萄酒可以直接倒在杯子裡嗎？不要放在桌面，只替要求續杯的人服務。」

「了解，那宴會麵也要吧？」

「吃西餐卻突然來個湯麵？」

「因為長輩會想吃宴會麵。」

「不用了，沒關係。」

籌備婚禮根本是「無限選擇地獄」，它會施展「好不容易才決定一件事，又會有兩個選項登場」的神奇魔法。若想在數十、數百個選擇地獄中存活，就需要原則，要是嫌麻煩而敷衍了事，夫妻就會起衝突。明明為了追求幸福而舉辦的婚禮，其形式和目的也會因此受到

4 新人作為紀念交換的物品，類似臺灣的聘禮。

影響。我們事先決定好「極簡主義婚禮」、「簡約樸素的婚禮」的原則，接著便開始抵抗蜂擁而上的無數選擇，只著眼在非做不可的事情上，終於順利完成了婚禮，因此我們對婚禮本身的評價是「成功」！

假如有人像我們一樣是自我主張強烈的準新人，希望你們能試試確立原則、下好離手的集中策略。你可能會說，不就是個婚禮，何須什麼策略，真的很難說喔，婚禮可沒想像中簡單。

朋友S只邀請親近的好友，舉辦了真正的「House Wedding」，親戚則是另外借了餐廳宴客。婚禮只邀請了五十名左右的朋友。我也去了，真的很棒！賓客輪流分享與新人有關的回憶，大家和樂融融地聊天。我發自內心地為即將展開人生第二幕的朋友送上祝福。假如我們夫妻能再次舉辦婚禮，我也希望能這樣做。

獨立又非獨立的夫妻經濟

關於夫妻之間的經濟大權，我沒什麼特別的意見。家庭經濟是非常重要的，貧窮夫妻百事哀，沒有錢，就免不了爭吵。人生來就是有欲望的動物，所以即便是夫妻，談到錢的問題還是得說清楚講明白。事先聲明，以下說的完全是我們夫妻倆的狀況，沒有參考一絲一毫其他夫妻的說法。畢竟這是我唯一知道的夫妻經濟權狀況，要是聽起來不切實際我也無可奈何。

關於經濟權，我之所以沒什麼可說，最大的理由就在於我和老婆的薪水戶頭從來沒有合併過。這件事能成立，是因為我們雙方都有工作，而且我們就像共生公寓（share house）的室友一樣，要繳交一定金額的公費，剩下的就自行管理。同住一個屋簷下所衍生的費用就共同負擔，但並不是攤開費用清單，把所有金額都分成一半的「齊頭式對分」，而是各自負擔一個需要花錢的物品的「宏觀式（？）對分」，簡單來說，就是採取「這個我出，那個你出」的方式。

貸款本金和利息由我支付，年底時我都會公開帳戶，告知今年償還了多少，而買菜或外食費用則由老婆負責——除了去高檔餐廳約會時，我總是得說：「老婆，這是帳單，給妳買單。」顯得有些沒氣勢之外，其他倒是沒什麼問題。扣除交通費後剩下的錢，並不像零用錢一樣愛怎麼花都可以，我們各自的戶頭都有個會轉入固定金額的零用錢帳戶，只有那筆錢是能自由使用的。寫成算式後如下：

兩人的收入＝共同費用（生活費、報稅等）＋個人零用錢＋剩餘存款

「這就是最簡單的方法嘛！那這樣有存到錢嗎？」

我跟朋友炫耀這個設計得相當合理的方法，結果朋友如此反問。

這話也沒錯，確實是個不知道花了多少錢，錢很容易就花光光的系統。因此為了彌補缺失，平時是由我負責扮演小氣鬼的角色。像是廚房突然冒出個從未見過的漂亮鍋子，一看就是很貴的品牌，少說也超過二十萬。

我瞪大眼睛追問老婆：「鍋子什麼時候買的？」

「本來就有的！」

「那個『本來』準確地說是從什麼時候？」

「從……前天開始。」

妳看妳，被我抓到了吧！當老婆只講出部分屬實的「謊言」時，眼神就會閃爍，趕緊逃之夭夭，我則追上去發動碎碎念攻擊，兩人展開一場唇槍舌戰。

即便只是買一樣小東西，有好眼光的老婆也會執意要買品質好的產品，從明星在寢室使用、德國製造的空氣清淨機（我主張購買便宜數十萬的國內品牌），到說是小型結果一點也不小，功能一應俱全的氣炸鍋（據說越大越好用），從質感到材質都要精挑細選，到最後不管買什麼都會挑到高價產品。雖然根據老婆的說法，與其買很快就會壞掉的便宜貨，不如買個品質好的產品用久一點，但問題就出在那個「品質好」出現得太過頻繁。我擺出《小氣財神》主角史古基的姿態，將鼻子貼在帳簿上，透過老花眼鏡瞪著一雙眼睛問道：「妳說這個多少？不行。」一再駁回老婆說要買的東西。

但老婆抱怨個不停，最後我說，以後我不當小氣鬼的角色了，想買妳就盡情買吧，老婆果然又提出反對：「雖然是不中聽啦，不過老公你要扮演小氣鬼的角色，我們家才能維持平衡啊，請繼續扮演你的角色吧。」所以最近依舊靠我當小氣鬼，老婆負責當不滿嘟囔的人，兩人共同守護家庭的經濟穩定。

對經濟權沒什麼可說的另一個理由是，我們都對彼此採取利他的態度，就算老婆花的錢比較多，我也不會覺得不高興。反之亦然。你可能會沒好氣地說這不是理所當然的嗎？又或者會嗤之以鼻，說我是為了寫書才講這些不切實際的話，但我說的是真的。

我們現在運氣好，能享受一般的經濟水平，但也曾有過為錢發愁的時期。老婆去美國念ＭＢＡ時，學費和生活費都要準備一筆錢，讓我傷透腦筋。當時我們才剛結婚，連先前的積蓄也幾乎沒了，生活的一切開銷都必須縮減。假如平時餐費是七千元[5]，就要改成五千元，但要由奢入簡畢竟不容易。

覺得綁手綁腳的我忍不住向老婆發了牢騷。當時我在雜誌社當記者，每天都忙得不可開交，也想不太起來自己是怎麼對待老婆的，唯一記得的是我在工作室拍攝到一半，突然想起當天早上老婆的

5 以二〇二二年繁體版出版時間為準，新臺幣與韓幣匯率約為一比四十。

表情充滿愧疚又畏畏縮縮的。就連我都覺得很吃力了，身為當事人的老婆又該有多痛苦？夫妻之中有一人覺得不幸，另一人又能幸福嗎？兩人的幸福是互相牽連的啊。

我立刻打電話給老婆道歉。自從那天後，自私的想法徹底消失，就連老婆突然對烘焙產生興趣，入手法國製的餅乾模具時，我也當成是「另一個自我」在花錢，點點頭接受了這件事。

事業合夥人若是少了對彼此的體諒，就算合約內容寫得再詳盡，還是很容易起衝突。合約講好的進度可能因各種狀況而延宕，成果的預期品質也會參差不齊。不管是寫十張或一百張合約，也沒辦法把人與人之間會牽涉到的各種要素都囊括進去，到最後往往是唯一遺漏的那項發生問題。

夫妻的經濟大權也差不多。無論是由某一方全權負責或各自獨立，都要有信任與體諒作為基礎才不會出狀況。最重要的是，絕對不能因為無法面面俱到就乾脆不簽合約，尤其雙薪夫妻若必須決定夫妻的經濟權，最好思考一下交通費和個人費用分攤的方式。

夫妻的個人主義旅行法

「老公，這裡真是無聊到讓我吃驚。」

「妳在說什麼啊？這裡可是『智人（Homo sapiens）』誕生的地方耶。」

對話發生的地點是瑞典的烏普薩拉，我和老婆正在享受夢想已久的北歐之旅。烏普薩拉是斯堪地那維亞半島最古老的大學「烏普薩拉」所在的都市，也是培育出數名諾貝爾獎得主的學術殿堂。最驚人之處莫過於卡爾・林奈（Carl von Linné）的家就在此處。林奈是何許人物？他可是初次提出界門綱目科屬種，替地球上所有生命體找到自身位置的學者，並替曾自詡神祉代理人的人類賦予智人之稱，將其降等為生命共同體一員的人文主義大明星啊！這是個把十天旅程中的其中一天完全耗在這裡也不可惜的烏普薩拉。

「那又怎樣？」老婆說，管他是林奈還是誰，都叫我別吵。

因為實際上，烏普薩拉的街上很冷清。我們到了當地才知道，烏普薩拉這個大學城在我們前往的期間正好是假期，處於空城狀態，能觀賞的就只有歷史悠久的建物和庭院。但眾所皆知，這是歐洲隨處都有的風景，路上就只有幾個居民在健行而已。我心想，植物園的狀況可能會好一點，就帶老婆去了林奈植物園，結果那裡更無聊。

我指著林奈留下的紀錄對老婆說：「妳看這個，它說把生命體分成屬名和種名兩個稱呼的『二名法』，也是林奈發明的。」

「老公，你真是個大笨蛋。」

我們夫妻的旅行風格迥然不同，我喜歡在同一個地方停留很久，悠然自得地在社區漫步，找個咖啡廳或公園的安靜角落，「吸收」

當地的氛圍。加上我是個歷史迷，喜歡探訪古蹟，再用很白痴的角度詮釋意義。相反的，老婆則是喜歡到處跑的類型，主要跑的是購物景點和美術館。以我們一起去的紐約之旅為例好了，被譽為購物天堂的第五大道，老婆就去了三次，而且還只逛了百貨公司和商店而已。打從一開始我就不喜歡嘈雜的紐約，只有布魯克林還算好玩。老婆看著沉浸在威廉斯堡跳蚤市場感性氛圍裡的我，忍不住打趣道：「這裡都只賣一些過氣的玩意耶。」

「這是跳蚤市場，販賣有歲月痕跡的老舊東西就是它的本質。」

「復古和老舊不一樣好嗎？這裡感覺是把不用的物品帶來賣的車庫拍賣耶。」

逛跳蚤市場時，我把破壞布魯克林感性氛圍的老婆趕走的畫面，至今仍歷歷在目。

不瞞各位，我們在旅行時也大吵過幾次。我們都是上班族，都是好不容易才排出時間去旅行，因此假如沒有符合自己的期待，火氣就很容易上來。把時間耗在購物或美術館時我會不滿，但都大老遠跑來歐洲了，卻在庭園長椅上坐老半天，老婆又會不高興。先前已經發生過好幾次這樣的狀況，老婆先氣呼呼地拋下一句：「以後再也不一起旅行了，還不如分開行動！」調頭就走，後來又問我：「你在哪裡？肚子餓嗎？」於是兩人又約好在某處碰頭。經過這些事情後，我們開始摸索在珍貴的旅行中，兩人都能盡情享受的方法。

第一步是，認同對方的喜好。我原本無法理解老婆在旅行中尋找百貨公司或購物中心的行為，畢竟多數都是國際品牌，有必要跑到國外去逛嗎？後來聽了老婆的說法後，覺得不無道理。因為有些品牌韓國沒有，就算有，賣的產品也不同。老婆說，每個城市的陳設也大異其趣，享受那微妙的差異也是一種樂趣。也對，套用在我身上，巴黎的盧森堡公園或首爾奧林匹克公園不也都是公園嗎？

雖然認同對方的喜好，但不喜歡也沒轍，所以我們達成了旅行協議，決定以隔年為單位，第一年一起旅行，第二年則分開旅行。我們倆的喜好分明，所以也有一人非常想去，另一人卻不想去的地點。舉例來說，我不怎麼想去美國玩，而老婆對西歐的興趣比亞洲更高，但也有像法國這種兩人都想去的國家。獨自旅行的那年就到各自想去的地方，一起出國時就去兩人都想去的地方，如此就能皆大歡喜了。

就算一起旅行，我們也會安排兩到三天屬於自己的時間。一般我們都是十天的行程，所以大約是旅程的百分之二十。我們會在早上分道揚鑣，盡情地享受各自想做的事，晚上再碰頭。老婆會去購物或去美術館，我則通常在公園裡看書。在巴黎若是擁有一段獨處時光，我就會到盧森堡公園去。我一直很想躺在公園的椅子上閱讀《法國革命史》。就在我翻閱書頁之際，另一頭傳來大樂團（big band）戶外公演的樂聲，小號嘹亮的音色先是劃過天際，緊接著飽滿響亮的演奏樂聲撲面而來。竟能在有藍天綠地的公園中聆聽爵士樂，這也太完美了吧！晚上我和老婆一邊吃飯，一邊嘰嘰喳喳地分享彼此在這一天的旅行經驗，並說好隔天要一起去莫內之家，也同樣令人期待。

如同「一個人能走得快，但兩人同行能走得更遠」這句非洲俗諺，旅行也要兩人一起才好玩。我想把自己看到的風景告訴老婆，老婆也慫恿著我一起去她獨自發現的好地方，到頭來，我們仍一起享受了旅行。解決了「必須無條件黏在一起」的技術性問題後，就更是如此了。

和另一半大吵一架的笨蛋

這是我去旅行時和老婆大吵一架的故事，也是我成為笨蛋的故事。雖然兩個事件沒有因果關係，卻是有關連性的。世界上最有趣的故事就是別人吵架的故事，接著就是別人變成笨蛋的故事，想必吵架後變成笨蛋的故事，比什麼都精采有趣。雖然已經是幾年前的事情了，但還是拿出來說說吧。

那是發生在我和老婆第二次一起去日本旅行的事。就我個人來說是第四次日本旅行，而且我覺得自己還算能應付觀光日語，就安排了稍微特別一點的行程，也就是東京在地之旅。徹底避開東京鐵塔和一切觀光客會一窩蜂跑去的景點，主旨就是一場徹底的深入之旅。我們大致要做的是以下這些：

1. 悠悠哉哉地遊覽上野動物園。
2. 盡情感受阿美橫丁商店街的活力。
3. 到有富士山壁畫作為裝飾的大眾澡堂泡湯。
4. 在偶然發現的隱藏版美食餐廳喝生啤酒。

說起日本旅行，大家的反應分成兩派。第一種是不當一回事的人：「日本？感覺不是跟我們國家差不多嗎？食物倒是應該很好吃吧。」第二種是從漫畫和電影接觸日本，從中捕捉到難以言喻的情調的人：「城市獵人！吉祥寺！生啤酒！hayaku ekuzo（趕快走吧）！」而我，是屬於後者。

但很遺憾的是，老婆是前者，所以她打從一開始就對日本旅行興趣缺缺，旅行計畫幾乎都是我制定的。

沒想到，從飯店就開始出錯了。我滿足了老婆要求的標準，找了距離主要觀光地點很近、交通方便且安全性高的大飯店，只是有個缺點，就是飯店房間迷你到一種很神祕的程度。有多迷你呢？感覺就像是走進了整潔乾淨的考試院[6]。扣除雙人床，幾乎就沒有任何空間了。我對著哀號說很有壓迫感、透不過氣的老婆開玩笑說，日本人的住家都很小，這樣不是很有當地人的感覺嗎？結果老婆朝我揮來了貓貓飛拳。飯店房間小一點又怎樣？旅行的悠閒是要在街道上感受的……

但街上也人潮洶湧、擠得要命。我們是配合五月初的韓國兒童節連假來的，偏偏日本也適逢（男生的）兒童節。東京的每個地方都大排長龍，都是全家出遊的遊客，想走進一家店都不容易，而且天氣還熱得要命。原本我們打算搭地鐵到某個特定區域，接著就靠步行，隨意逛逛，但這時計畫出現了很大的差池。街上擠得水洩不通，整個人就不免煩躁，偶然發現的餐廳也很難吃。第一天逛完新宿、原宿等主要街道後，老婆提議第二天去購物，而我說要去逛別條街。

「你覺得好玩嗎？這根本是自討苦吃嘛，哪是什麼旅行。」

我說，自古以來，所謂的旅行就是要隨遇而安，但聽在老婆耳中，只覺得這趟旅行是華而不實。我們就在銀座的某個地方吵了起來，最後決定當天按照各自的風格，分開旅行。

「我今天要去大眾澡堂，真的不一起去嗎？是日本很有名的大眾澡堂喔。」

「大眾澡堂有啥？」

「有浴池啊。」

「就像我們家附近的皇帝湯嗎？」

「這樣想就不對啦。」

---

6 早期為提供考試的人居住兼讀書的房間，通常空間狹小，優點則是租金低、租期彈性以及不需要付保證金。

老婆真是不懂在地情調耶。我暗暗在心中嘀咕，展開我的泡湯之旅，老婆則踏上她的日本百貨公司之行。

日本的大眾澡堂稱為「錢湯」，向來以澡堂牆面上用鮮明原色繪製的浮世繪聞名，而我打算去的是《孤獨的美食家》作者久住昌之在泡湯遊記《白天的澡堂與美酒》中提到、被推崇為日本第一的「大黑湯」。按照他的說法，這是「只要喜歡泡湯的人，此生必去的澡堂之一」。我用Google Map確認怎麼走之後，搭上了地鐵。

「這個風景好像哪裡怪怪的，好危險！」走出車站，一拐進巷子裡，我就產生一股違和感。人也少得太誇張了吧！就算是平日白天，這裡可是東京耶。地鐵上野站還人山人海的，難道我在拐進巷子時瞬間闖入了異世界嗎？就在此時，我發現有個手上提了個沐浴籃搖來晃去的爺爺。看來這位爺爺也是要去大黑湯啊，我可得跟上去才行。爺爺走的巷子一條比一條窄，我心想，果然在地隱藏版的澡堂就是要這樣，完全避開觀光客的視線！

結果根本不是，我找錯地方了。

我打算去的是大黑湯，實際上搜尋到的卻是帝國湯。帝國湯是純度百分百、社區居民用的澡堂。只有一個員工奶奶負責領客人入場，同時也負責管理男湯和女湯。入口辦公室的構造令人大開眼界，總共有三扇窗戶，分別是入口、男湯與女湯，奶奶可以根據需要探出頭招呼客人。

把腳泡進浴池的那一刻，我差點慘叫出聲，水溫就像地獄般滾燙，而且浴池真的很小，所以那些把身體泡在浴池裡的爺爺就在我眼前，大家大眼瞪小眼，好不尷尬，我才泡了一會兒就趕緊出來了。

這一帶都是住宅區，好不容易找到的餐廳只有連鎖餐廳 SUKIYA（日本版的飯捲天國）。店員說只有販賣瓶裝啤酒，還是我們家前面便利超商就有賣的那種。最後，我帶著「這是哪裡？我是誰？」

的恍惚心情回到了飯店。

老婆則過了行程充實的一天，心情也好轉了。她說自己在逛日本知名百貨公司時，發現了其獨特之處，也觀察到各品牌在日本限定販售的商品系列，逛得很開心。看著嘰嘰喳喳說個不停的老婆，頓時一股熟悉感油然而生。是啊，這裡才是屬於我的空間。

「明天一起跑行程吧。」

「誰說的？我才不要咧！」

你真的很不了解自己耶

只要是夫妻，想必兩人之間至少都會有一句經常說的話，而對我們夫妻來說，那句話就是：「你真的很不了解自己耶！」每個人都會有自己認定是這樣或那樣的個人特點，可能是興趣，也可能是能力。就拿我來說，我喜歡甜的、討厭酸的。若以水果來講，我覺得橘子、葡萄都很酸，向來敬謝不敏；我的興趣是閱讀，而且專注力算高，就算讀《罪與罰》這種長篇經典文學也不覺得費力。性格則屬於沉默寡言的類型，從小就常聽父母和親戚說：「這孩子還真是不愛說話。」剛開始和老婆談戀愛時，我們曾在咖啡廳坐了好幾個小時，談論彼此的特點，發現有相似的就覺得很開心，找到不同之處也會覺得很新奇。我們就這樣逐漸了解彼此，最後走入婚姻，住進了同一個家……

「老公，你真的很不了解自己耶。」某天，老婆看著餐桌上剩下的橘子皮說。大概是看到我一夕之間就把她買來自己要吃的橘子全吃光了，感到很吃驚。「你不是說討厭吃酸的，也不吃橘子嗎？」

這下尷尬了，不過我也有話要說，我只說討厭吃酸的，沒說我絕對不吃啊。最重要的是，打從一開始就沒有其他能當半夜點心的選項。老婆說要我減重，所以家裡完全沒有巧克力或餅乾這些能解嘴饞的東西，加上考量到時間太晚了，我也不能大嗑一頓消夜。就在我傷腦筋之際，餐桌上的橘子映入眼簾，放入嘴巴淺嘗的橘子雖有酸味，又隱約散發出甘甜味。我就催眠自己橘子不酸，這樣它就會變成只有甜味的橘子了。這就是一種精神勝利，也是我吃光橘子的理由。

不過吃著吃著，酸味吃起來也頗有快感，尤其能感受到清爽柑橘香隱約散發的魅力。自此之後，我就開始吃橘子了。我對老婆說：「不過，至少我在吃酸的時會皺眉，這不就是我原則上討厭酸味的證據嗎？」老婆說，就算喜歡吃酸的人也會受到刺激而皺眉，我只是因為忍受力太低，不是不能吃酸。我覺得老婆的分析很有道理。我開始暗自反省，討厭酸味是我對自己的誤解，結果老婆又問：「你在婚前告訴我、後來我發現根本不一樣的可不只一、兩項。你不是說喜歡書嗎？為什麼從來都不看？」

準確地說，我喜歡的是書中描述的故事。在過著猶如倉鼠跑滾輪般的生活，只在家與學校兩地往返的青少年時期，書本所傳達的故事就顯得很夢幻。像是只要吞下藥丸就能獲得幸福的奇異烏托邦，或是連結過去與現在的時空膠囊，如果能徹底沉浸在故事中再回到現實，世界看起來就會有那麼一點不同。書就像是在密不通風的房間中，打開窗戶後竄入的一絲涼風，對我來說，書就是這種存在。

問題在於時代改變了，除了書，還有很多玩意也能帶來「一絲涼風」，像是Netflix、Watcha[7]等串流服務、網漫都很有趣，打電動也很好玩。當有趣的故事俯拾即是，要伸手去拿一本書的機會自然就少了。當然，影片的魅力與書本的魅力層次是不同的，米蘭・昆德拉的小說《生命中不能承受之輕》就要閱讀書本才能完整感受到其中的諷刺性，只不過，那奧妙的「層次」並不是必需的。Netflix上加入片單的電視劇已經一卡車了，層次就等以後再享受吧。就是有這樣的過程，閱讀這件事才會一再延後。老婆聽我從頭解釋到尾，反問我交往時說的話都是錯的，為什麼要講這麼一大串。這個問題果然也問得很好。

踏入婚姻後我才領悟，「我所認識的我」與「對方眼中的我」可能天差地遠。換句話說，我所認知的自我形象具有很低的客觀性。直到結婚前，我都以為我的個性算是溫吞，不是常發脾氣或與人吵架的性格，但這種認知只對了一半。根據一起生活的老婆的證詞，我只是沒有發火罷了，但不高興的情緒全寫在臉上，語氣或行為仍帶有猛刺對方的攻擊力道。仔細回想，這的確是事實。我仗著「沒有發脾氣」這點，認定自己是寬宏大量的人，但假如別人對我做相同的事，我好像也會不舒服。也就是說，其實我並不是什麼寬宏大量的人。

我當雜誌記者時，採訪完後都會聽錄音檔，把內容謄寫成文章，但有一次聽音檔時，我被自己的語氣嚇了一大跳，因為我發現自己有打斷對方說話的習慣。對方話還沒說完，身為記者的我就已經先丟出腦中浮現的問題。連我自己聽了都一把火，更何況是對方。自此之後，我開始閱讀說話技巧的相關書籍，努力改掉說話的語氣。

7 韓國的影視作品串流平臺。

同樣的，婚姻也差不多，和老婆共度的十數年歲月，我經歷了修正、調整自我錯誤認知的漫長過程。我從老婆的反饋中得知許多關於自己的偏差認知，然後盡自己最大的努力，才好不容易改掉一部分。雖然有沒有改掉，也得從老婆的反饋中才能知道。

幾天前，母親打電話來，說用數位影像復原了我小學過生日時的錄影帶。雖然照片看過很多次，但我從來沒看過完整的影片，心中很是期待。母親把影片檔案傳給我後，我和老婆一起看了。看到過去的我，不禁想起美國喜劇演員金凱瑞。

「媽媽，妳看這個。」

「爸爸，你看那個。」

「同學們，來跟我擊掌。」

怎麼這麼聒噪，沒有一刻是安靜的啊？兒時的我，請別再說話了。

「老公，你不是說你小時候都不講話的嗎？」

「呃，我也搞不清楚了，我果然真的很不了解我自己耶。」

我們夫妻分房睡

結婚一年後，我們夫妻開始分房睡，但完全不是因為經歷了「你到底為什麼這樣？我再也沒辦法跟你一起睡了，我們分房吧！」那種激烈的爭吵，只是為了生活上的方便，很自然地決定在各自的房間睡覺罷了。從結婚那刻起，我們就事先考慮到「這種時候」，準備了各自的房間和床鋪。

「這種時候」指的就是睡覺習慣不合。身為晨型人的老婆，只要超過晚上十一點就會睏到什麼事都做不了。當我們下班後一起在沙發上看電視，如果中途突然覺得老婆變安靜，轉頭就會發現她已經開始打瞌睡。相反的，夜貓子的我常常到了凌晨一點也睡不著，就算躺在床上，也只能盯著天花板數羊。

比睡覺時間點更大的問題在於睡覺的條件。老婆必須關上門，把燈全都關掉，等房間內都安靜下來才能入睡，這卻讓我覺得像被關在墳墓裡一般令人窒息。我無法理解，在伸手不見五指的靜寂中怎麼睡得著？我必須在一個有點聲響的環境下，也就是要有電視聲當成背景音樂，房門整個敞開，感覺到些許寒意，才有辦法進入夢鄉。

「老公，把門關上。」

「這樣很悶，我開一點點就好。」

「iPad的燈光太亮了，一定要在睡覺時用嗎？」

「我可以看一下再睡嗎？」

剛結婚時，住在一起這件事蒙蔽了我們的雙眼（？），所以曾試著互相配合，等到過了小倆口甜蜜蜜地鬥嘴時期後，我們還是宣告放棄，決定在各自的房間睡覺。

法國社會學家尚克勞・考夫曼（Jean-Claude Kaufmann）曾在著

作《讚頌分房》（Un lit pour deux）中如此描寫夫妻分房睡的過程：「基於衝動的欲望與名為愛的魔法，即使他們必須承受不便，卻仍一心期盼能與心愛之人更靠近、合而為一。忍受不便這種小事，對他們而言不足掛齒，然而要不了多久，『個人』再度抬頭了，開始想確保獨處的空間，讓自己能一個人舒舒服服地待著。」

在《讚頌分房》中，「同房（使用同個房間）」這件事讓無數夫妻檔大吐苦水。包括「我老公會打呼！」「老公都把床邊弄得很亂，看了很礙眼」「因為老公，導致我睡覺的姿勢不良」等等，乍聽之下都是些雞毛蒜皮的理由，但若深究各自的心理，這些全是致命性的不便。正如「床鋪外頭很危險」這句話所傳達的含意，唯一不受他人嚴苛視線折磨的空間，就只有我自己的床。如果把範圍放寬一點，就是我的房間。每個人都希望能獲得百分之百的休息，床鋪環境與睡眠溫度都達到一百分。假如就連在床上都只能享受百分之五十，就算對方是心愛的人恐怕也很難接受。

結婚是為了變得更幸福，並不是為了忍耐或忍受。儘管婚姻中也有需要忍耐與改變的部分，但也有些基本的部分是不必這樣的。

於是我說：「我希望我們能在各自的房間睡覺。」

「哼！好啊，我想很久了！」

我們以半開玩笑半鬥嘴的心情展開分房生活，沒想到迎來了前所未有的祥和日子，絕大部分生活上的不滿都消失了，整個人感到通體舒暢。如果要處理私人事務，就在各自的房間進行，吃晚餐、喝咖啡、看電視等就在客廳一起。老婆會在十點半到十一點之間回自己房間，我會跟著過去當助眠小幫手。當老婆說口渴時，我會替她倒杯水，幫她把睡眠環境營造到位。床上的三個抱枕都有固定的位置，我會把它們都擺好，替老婆蓋上棉被，跟她道聲晚安後，走出房間。我會在我的房間看電影、打電動，自由運用我的時間，最後在睏意下自然進入夢鄉，大家都很幸福，也沒有任何問題。

「不受時間和社會的干擾，幸福地享受自己的房間，可以說是公平賦予現代人的最佳療癒活動。」謹以此向日劇《孤獨的美食家》的著名臺詞致敬。

我知道，要向社會大眾提議分房睡依然是件困難的事。根據婚姻介紹所 Duo 在二〇一七年針對兩百二十五名未婚男女進行的問卷調查，未婚男女中有百分之四十．四的人表示有分房睡的意願，但會爽快接受對方提議分房睡的人卻只有百分之二十八．四。被問到以負面視角看待這件事的最大理由，應答者表示感覺夫妻關係會變疏遠。從樂觀角度來看這個結果，至少拒絕要求分房睡的理由是在於「感覺」。這表示，萬一你希望分房睡，是有機會透過冷靜說服的過程達成。要是覺得自己口才不夠好，就在 YouTube 上搜尋「分房睡」吧，可以在上面觀摩到許多夫妻正過著幸福的分房生活。

結婚超過十年，我明白了一件事：無論哪對夫妻，彼此內心都住著一隻貓。就像貓咪是一種追求個人主義的生命體，每一個人也都需要屬於自己的時光，直到某一刻突然感到孤單時，再去尋找彼此，從互相依偎、分享體溫之中感受幸福。而且，說不定還會開心地做出貓咪踏踏的動作呢。所有鏟屎官都曉得這點，就算剛剛還在身旁親暱磨蹭的貓咪突然走掉了，也不需要感到失落，因為牠很快就又會跑回來啦。

謝絕多管閒事

即將結婚的後輩說要把喜帖分給大家，安排了一場飯局。在場的有我和兩對情侶，一對即將結婚，另一對是剛結婚，對話主題自然而然地縮小至婚姻生活。

「我們夫妻倆的戶頭是分開的。」

「噢，我們也是。」

「我們決定不生小孩，過兩人生活就好。」

「我們目前也還不打算生。」

這世界真的變了好多，以前大部分的人都抱持一定要有小孩等傳統婚姻觀念，但最近的夫妻沒有這些成見。

隨著黃湯一杯、兩杯下肚，來到了夫妻吵架這個最有趣的話題。

一位女性後輩乾掉一杯酒後，開始說起老公的不是，這時旁邊的老公則自稱是慈悲為懷的佛祖。女性後輩說，老公雖然不發脾氣，言語間卻經常充滿挖苦的味道，聽了反而更不爽。她說，還不如直接發火比較痛快，看到老公酸言酸語的嘴臉就想揮他一拳。我對後輩說：「再怎麼說老公就坐在旁邊，這樣講是不是太過分了？」只見一旁的老公不斷發抖，而後輩則繼續如河東獅吼般咆哮。

年紀漸長的我，有了老是想在酒席上分享自己故事的壞習慣。聽到兩對夫妻吵架的經驗談，我也開始想加入話題：「等一下！我也是！我也會和老婆吵架。嗯，我老婆她啊……」我把自己的過錯拿掉，刻意凸顯對老婆的憤怒，把自己和老婆吵架的經驗包裝成對自己有利的方向，告訴後輩們。雖然老婆聽了一定會大喊冤枉，但也沒辦法，畢竟故事中要有反派才會有趣嘛，不在場的老婆自然就成了反派。

我繼續說，每對夫妻結束吵架的風格各不相同，有的人必須在吵架當天和好，晚上才睡得著覺，也有人當天會因為情緒太激動，必須等到隔天才能平復心情。我原本是「當天和好」主義者，老婆卻是「別惹我，明天再說」主義者，所以我只好配合她。碰到兩人大吵的日子，我們就會把自己關在各自的房間，各自睡去。

「等等，前輩，您和老婆分房睡？」後輩們很吃驚地問。「分房睡」這個說法聽起來是如此殺氣騰騰。我回答，不過是我的房間和老婆的房間分開，而房間內又有屬於自己的床罷了。後輩們反問，這不就是分房睡嗎？甚至還稍微刺探了一下我和老婆的關係。「非常好啊，一點問題都沒有，只是分開睡而已。」後輩們說自己應該沒辦法這樣做，還向我投來「好特別喔」的眼神。看到後輩們的反應，我才知道原來夫妻有各自的床是這麼神奇的一件事。

儘管結婚觀念改變許多，大家依然對夫妻睡在各自的床上感到陌生。我認為這是某種問題的癥兆。記得剛結婚時，親朋好友就針對我們夫妻「偏好分開的習慣」加以訓誡。我們的個人喜好分明，也不想放棄自己的偏好，只要不會傷害到彼此，基本上都尊重各自的選擇。晚上與人有約也不是採取許可制，而是主動申報制。

「我今晚有酒局。」

「跟誰？」

「跟人類。」

「好喔，別喝太醉。」

儘管我們定下不能太晚回家、要時時保持聯繫的原則，但基本上都是依照各自的意願。從分房睡到各自吃晚餐，不少時候都是各過各的，身邊的人看到我們這種特性，經常憂心忡忡地給予忠告。

第一件擔憂：各玩各的，兩顆心就會疏遠。但我們已經各玩各的超過十年，兩顆心反而更靠近了。我們都是要有獨立空間才能放鬆的性格，我會看電影、看書或打電動來享受無溝通的時間，老婆則喜歡學習新事物或四處跑，像是一個人去學英文、下象棋，逛百貨公司也是一個人。就算兩人都在家，也經常是各做各的，要是突然想念有人陪伴的溫暖再去找對方。因為在生活中仍會感覺到對方的空缺，所以共度的時光就變得十分珍貴。就結論來說，各玩各的，兩顆心更靠近了。

第二件擔憂：再怎麼說，還是不應該分房睡。大家說，如果不睡在同一張床上，愛情就會慢慢淡去，但分房睡也分成不同形式。假如平時睡在一起表示夫妻感情融洽，那麼吵架後分房睡就是個問題了，但我們是在雙方同意下使用各自的房間，應該就沒有這種問題了吧？雖然不知道其他夫妻的狀況是怎麼樣，但我們夫妻分房睡和愛不愛對方沒有任何關係。結婚超過十年，到現在老婆把頭靠在我的肩上時，我還是會心跳不已。

對我們訴說以上顧慮的人，全都是帶著一片真心，說話時也很小心翼翼，但我只覺得有理說不清。即便大家都很理性，也懂得體恤他人，但還是沒辦法擺脫偏見，這似乎是婚姻本身的特性使然。

儘管婚姻是人一生中最複雜的人際關係，我們卻沒有接受任何事前教育，也沒有事先預習就一腳踏入，導致各式問題在婚後紛紛出籠。

「我要如何表達我的不滿，又該選在什麼時候，才不會造成誤會？」「為什麼另一半不懂我的心情？」當問題發生時，大家會在網路上搜尋或詢問親友團，說不定還會收看夫妻相談室之類的電視節目。那些專家並不清楚夫妻相處的細節，又必須在大眾面前說出婚姻建言，所以都會提出風險最小的意見，最後就會出現「雖然不清楚兩人的關係如何，但總之首要還是兩人必須黏在一起，不能分房睡」的回答。

就算對方沒有惡意，當事人依然會覺得受到干涉。假如有人依自己的標準對你的婚姻生活指指點點，你卻不知道該如何回應的話，我推薦使用「TMI（Too Much Information）法」，也就是把自己堅守婚姻風格的理由從頭到尾鉅細靡遺地說給對方聽。

「上禮拜後輩說要發喜帖，我去了之後啊……」

非要時時黏在一起才叫夫妻嗎？

新聞說，新冠肺炎疫情爆發後，夫妻一起在家的時間變長，導致兩人爭吵不斷，有些人挖苦道：「在一起很好啊，為什麼會吵架？一定是夫妻之間本來就有問題吧。」會這樣說的人，要不原本就是琴瑟和鳴的幸福夫妻，不然就是根本什麼都不懂，又或是平時總是隨心所欲，根本沒察覺配偶早就隱忍許久。希望那些聲稱「我可以啊，就算整天黏在一起也很棒」的人，讀完這篇文章後可以自我省視一下。

身為在職場上打滾的上班族，平時多少都會顧慮到別人，不會因為自己累了就不分場合地打瞌睡，也不會在客戶面前直嘆氣。即便把已經修改了一整個禮拜的成果寄給客戶，對方卻說：「還是第一版比較好，請改回原版。」的時候，也只能當個連聲說是的機器，回答：「好的，我知道了。」同時催眠自己，客戶必然也有他的苦衷。結束身為勞工苦難的一天，帶著傷痕累累的心情回到家裡，因為心已累，就算看到老婆也沒辦法和顏悅色，體恤對方的動力更是大幅降低，即使老婆只是提出小小的要求，回答時也很難有好口氣。

「老公，你把資源回收拿去丟掉。」

「明天再丟。」

「垃圾超多的，明天丟不完，今天先拿一些去丟。」

「我明天丟得完，現在很累了。」

如果是結過婚或已婚的讀者，想必可以想像接下來的故事走向。這是一種剛開始只是小小的導火線，緊接著開始互相指責平時看不順眼的言行舉止，最後演變成吵架的典型情境。無論是夫妻或任何形式的伴侶，只要少了對彼此的體恤和理解，各種大大小小的事都可以拿來吵。要體諒對方的道理有誰不懂呢？只是執行時少了足夠的情緒能量，才會起衝突。當雙方說出傷感情的話後，就只會顧慮到自己的情緒，根本看不到客觀的情況。

情緒上沒有餘力時，我們夫妻就會採取回到各自房間的「後退策略」。老婆本來就是有話直說的人，會直截了當地表態：「老公，我現在很累，我想一個人待在房間。」甚至我才剛回到家，她就宣告：「我現在很火大，別惹我。」至於我的表達方式，則是會一臉疲態地默默走進房間。我們之間幾乎不曾有過因為是夫妻，就任意打開對方房間闖入的狀況。互不侵犯彼此的空間，對我們來說是非常基本的禮貌。

在我們家，老婆還有一個最愛的地方，就是我的房門口。就在我突然感覺到門邊有動靜，朝房門望去時，就會發現老婆躲在門後，鬼鬼祟祟地注視我。「她在幹麼？想攻擊我嗎？」雖然我的腦中瞬間閃過這個念頭，但其實只是老婆的心情好轉了，想來找我玩，正在觀察老公現在有沒有空。

「老公，你在幹麼？」雖然語氣聽起來像是來找碴的，但老婆眼中充滿了愛意。心情變好後，我們又開開心心地玩在一起了。

就算不是為了迴避衝突，確保彼此有各自的時間和空間，也能對婚姻生活帶來很大的滿足感。想集中閱讀時，想看一部電影時，或者想寫作時，我們夫妻倆就會直接說：「我現在有事要做，別來妨礙我。」接著就放心地專注做自己的事。

不瞞大家說，剛結婚時我也認為夫妻就該時時刻刻黏在一起，兩人一起看電視、一起睡覺、一起外出。可是從某一刻開始，我卻發現自己渴望獨處。剛開始，我以為是因為我從大學就一個人住外面，已經養成習慣，所以對於和別人待在一起很陌生，以為時間久了就會慢慢習慣，最後卻差點演變成對婚姻生活不滿。後來我們選擇像現在這樣，確保彼此有各自的時間與空間。

直到夫妻各自保有獨立性後我才明白，我並不是討厭和老婆在一起，而是「只」跟老婆在一起。

寫給擔心一起生活會失去自我空間的人

①這很正常，世界上有無數的人都跟你一樣。

②不過要是逼自己忍耐，人生當然就會不幸囉。

③就算忍耐，人的性格也不會改變。

④可以住在一起，但請仔細思考如何聰明同居的方法。

Chapter 2

就算只有兩個人也幸福美滿

兩個人很夠了，三個人就不必了

我們夫妻倆決定不生小孩。不，「決定不生小孩」這種主動作為的說法並不恰當，因為準確地說，不是我們選擇「不生」，而是沒有刻意選擇「要生」。結婚超過十年，現在我們依然過著幸福美滿的婚姻生活。在兩人的幸福日常中再多個小孩如何？面對這個問題，我們的回答是：「兩個人很夠了，三個人就不必了。」

翻開這本書的人之中，考慮當頂客族的女性讀者應該不少，我倒是想先說句話。我是男性，生小孩這件事對我人生造成的影響不像女性那麼大，儘管要負擔養育孩子的費用，育兒也很辛苦，但大概不會發生職涯中斷的狀況，也不必經歷漫長的懷孕期。身為男性，不管說什麼，對女性讀者來說，大概都只覺得男人是講給自己心安的，這的確也是事實。因此，希望各位站在是否成為頂客族的十字路口上，思考「就算沒有小孩，也能擁有美好婚姻嗎？」這個問題時，能把這篇文章當成一種意見參考。

如同前述，我和H是二十五歲之後認識，戀愛長跑七年左右結婚的夫妻。打從剛認識的那一刻開始，我和H相處就覺得很輕鬆。我的個性本來就很怕生，加上當時又是無業遊民，走路時都抬不起頭，更深受社交恐懼症之苦。我認為自己是個半繭居族，但說也奇怪，我在H面前卻感到很自在，就算表現真實的自己也不會感到彆扭。

「老公，你跟我交往時都不會緊張對吧！」雖然H應該會覺得很嘔，但這樣的自在感對我來說卻很珍貴。

我認為每個人都有適合自己的家庭規模。三個人？兩個人？甚至連不戀愛主義者都有，所以也可能是一個人。我很注重個人生活，曾經認為適合我的家庭規模是一人，也就是必須終生當個王老五，但我認識H後，家庭規模擴大至兩人。因為能夠自在地做自己，也就順水推舟地走入了婚姻，但解決了「我真的結得了婚嗎？」這個人生最大的課題，展開婚姻生活之後，嗯……

「肚皮到現在還沒有消息嗎？」親朋好友紛紛催促我們生小孩。我們也才好不容易適應了兩人生活，這麼快就得生小孩？就算說了我們沒有生小孩的想法，身邊的人卻會以建言的名義一再勸說，說夫妻每天只看著對方的臉會膩、會吵架，到頭來只有孩子才是婚姻的潤滑劑。和主張「結婚的下一步是生小孩」的人展開漫長乏味的溝通是很常見的，所以我把這些問題集結起來，寫成一篇虛擬訪談：

Q. 你們不是試過了卻沒消息，而是刻意不生對吧？

A. 對，往後也沒有生小孩的計畫。

Q. 你們是基於什麼樣的理由決定不生小孩呢？

A. 可以回答「沒有為什麼」嗎？

Q. 孕育下一代這種大事，當然不能回答「沒有為什麼」啊，難道您是認為，讓孩子來到這個充滿險惡的世上是個錯誤嗎？

A. 不是的，我並沒有覺得世界糟到那種程度，我也不是那麼替人著想的人，會去考慮到尚未出生的小孩會面臨的處境。我是自私的，所以認為不生小孩，我會過得比較幸福。

Q. 您這麼想的原因是什麼？

A. 也沒有什麼重大契機，我不討厭小孩。我有個姪子叫作昭彬，他的每個舉動都好可愛，像我上次見到他時……

Q. 請別轉移話題，您選擇當頂客族的理由是？

A. 剛結婚時覺得育兒的壓力很重。兩個人住一起都還很陌生，更遑論是三個人。我們有思考並假想過：如果心中有把秤，一邊是要生小孩的兩三個理由，另一邊則是不生小孩的數十個理由好了。雖然不生小孩的理由較多，但這並不是能以數量來判斷的問題。畢竟也是有那種就算不該交往的理由有十個，但只要心中有愛就所向無敵的人。孩子的問題也一樣，只要有一個「非得」生小孩不可的理由，就算有十個不該生小孩的理由也沒關係。我老婆的個子很嬌小，是個連我體積的一半都不到的「小不點」，我甚至還想，如果小不點生了個迷你版本的自己，一定很討人喜歡。

Q. 可是？

A. 非得生小孩的重要理由消失了。我和老婆會比較認真地考慮生小孩的理由，是希望離開這個世上後，我們的故事不會就此中斷。我們通常會把人類稱為敘事性的存在，也就是說，我是誰、往後會怎麼活，會根據自己處在什麼樣的故事中而有所不同。舉例來說，如果是剛開始創業的改革者，腦中就會帶有要靠自己的雙手改變世界的敘事思維。當然，世上也會有像電視節目《我是自然人》中的自然人一樣，選擇與大自然為伍的人。

人類所設定的敘事中具有「連續性」。我們會具備這樣的認知：世界並非從我開始，也不是在我身上結束，我們對世界產生歸屬感的同時，內心也跟著感到安定。而在此，孩子等於父母的小小分身，假如不生小孩，就等於我們夫妻過去所累積的記憶，會在死後化為烏有。這也意味著，引領此時人生的一個重要目的消失了。

可是就在這時，我的爺爺離開了人世。

我的奶奶很早就過世了，所以爺爺家自此成了空屋。我們去爺爺家整理他的遺物，包括瓷器、書、相簿等，有不少祖父母收藏的物品，每一件都勾起了我與爺爺之間的回憶。因為家裡沒有多餘空間，我在苦惱是不是應該去租倉庫來放，但腦中突然冒出這樣的念頭：我這輩子會把這些東西拿出來看幾次？感覺我好像根本不會拿出來看。我甚至覺得，爺爺和奶奶一輩子收藏的物品，記錄他們人生的東西大多沒有意義，所以最後，我幾乎都丟掉了。

Q. 就算和爺爺的關係很親近也一樣？

A. 我和爺爺非常親近。雖然父母看到這篇訪談可能會吃醋，但從某個角度來看，爺爺是我人生中最重要的人，甚至可以說是我靈魂停泊的碼頭。可是儘管如此，我還是產生了「沒有意義」的念頭。我會繼續過我的人生，而爺爺的存在感會越來越淡吧，雖然偶爾想起時會心痛，但那不過是後記罷了，是會留下痕跡的記憶碎片。

Q. 好虛無的結論啊。

A. 說虛無也沒錯，但既有的不安感也消失了。人走了就走了，什麼也沒留下，到頭來，重要的就只有在世時是否活出充實精采的人生。我們夫妻決定效法桃園結義，雖不能同年同月同日生，但願能同年同月同日死。

Q. 老婆是怎麼想的？

A. 我老婆喔，本來就想當頂客族⋯⋯

Q. 不會擔心老了之後沒人照顧自己嗎？

A. 無論做出什麼選擇，終究無法面面俱到，我們只能存錢替老年做好準備，努力維繫人際關係囉。您知道詩人千祥炳的詩作〈歸天〉嗎？就像「我將歸天／與霞光相伴／在山麓嬉戲，直至雲彩向我招手」這幾句詩，我希望可以瀟灑地離去。

Q. 最後一個問題。不是有句話說「養兒之趣占了婚姻生活的一半」嘛，要是只有兩人，婚姻應該越來越無趣，您身為結婚十年的過來人，又有什麼樣的心得？

A. 哪會無趣！反而越來越有趣了。要說哪裡有趣嘛……欸，時間已經這麼晚啦。因為我跟人有約，所以哪裡有趣，就請見下篇文章分曉，我先閃囉。

沒什麼好說嘴但感覺很棒的婚姻

我和同樣都四十歲的幾個好兄弟相約在延南洞的一家小型PUB，四人湊在一起喝酒。原本說好小酌幾杯就回家，但就在打開第二瓶威士忌的瓶蓋時，這個計畫就已經失敗。雖然記憶很模糊，但我記得酒局前半段聊到了婚姻生活。

雖然四個都是邁入不惑之年的男人，但調調（？）倒是很多元。一個是有小孩的已婚人士A，孩子才剛滿周歲，是個新手爸爸。另外兩個是沒有小孩的已婚人士，還有一個是未婚人士。

「當爸爸之後很累吧？」我悄悄地試探了一下，A卻說還好，不覺得特別累，還眉開眼笑的。嗯？通常育兒新手不是都會愁眉苦臉地訴苦嗎？A是個音樂人，平常在家工作，又是夫妻一起帶小孩，一定會親身體會到育兒之苦。他一定很辛苦，非辛苦不可！我再次追問他會不會很辛苦，他說雖然也有辛苦的地方，但比想像中要好，而且夫妻要出去放風也沒問題，並說明當老婆有約時，他就負責在家看小孩，但如果是像今天自己要外出，老婆就會照顧小孩。

哎呀！老實說，我是另有所圖才會提起育兒的話題。畢竟我在寫關於「沒有小孩的婚姻有多快樂」的書，內心盤算著要從幾個好兒弟身上獲得素材，A卻什麼忙也沒幫上。

「真的沒有嗎？像是回想起沒有小孩的幸福時期之類的。」

「不知道，仔細想想好像有，但現在想不起來耶。」

「B，你不是說不生小孩嗎？自由生活的感覺怎麼樣？」

自由才怪。B結婚約莫一年，沒有生小孩的計畫，卻說自己最近心情不怎麼好。他說，不管結婚與否，人終究是必須獨自面對人生的孤單存在，所以無論是否結婚生子，本質都沒有改變。B從大學時代就很喜歡賣弄學問，上年紀之後還是老樣子，要怪就怪我問了他這個問題。

最後的C則煞有介事地說了番道理：「再怎麼說還是要有小孩，往後人生不知道會碰上什麼變故，在這冷漠的世界上，唯一與我血脈相承的就是子女了。」

但大家一起嗆他：「連女朋友都沒有的人，是在講什麼廢話？」我們一邊取笑不幸的C，不，是一邊安慰他，一邊將黃湯接連灌下肚，最後喝得酩酊大醉，等到我睜開眼時，發現自己已經在家了。以下是我那天抓著頭痛欲裂的腦袋，在Word檔案隨手打下的三個教訓：

1. 假如只有一個人在考慮要不要繼續喝，就不要再喝下去。隔天真的超級痛苦，整個週末瞬間被刪去，根本想不起來當天到底做了些什麼。

2. 別想邊喝酒邊談正事。一開始想在酒局上談正經事就是個錯誤，從第三杯下肚的那一刻開始，就不是我的腦袋在運轉，而是我的舌頭在胡說八道了。如果想談正事，還是喝咖啡吧。

3. 婚姻終究因人而異，無法一概而論。兩個無法預測的生命體相遇後，組成名為婚姻的宇宙，自然不可能是單純的。只要不被他人的標準所支配，又或者反過來說，只要夫妻按照自身的標準經營婚姻，一般世俗的標準就無立足之處，最後留下的就只有兩人的意志和努力。

「要是沒有小孩，只過兩人生活，不覺得乏味嗎？」關於上一篇文章的最後一個問題，雖然無法得知老婆的立場，但我的回答恰好相反，我非常享受。對我來說，這是能追求各自喜好，又能享受兩人樂趣的完美平衡。儘管預算很有限，但我們一年會去國外旅行一次，給自己放個長假。週末時，我們就像書法家韓石峯與他那以賣年糕湯供兒子讀書的母親般，老婆烤麵包，我看書；或者我打電動，老婆追狗血電視劇。到了晚上，我們會一起思考要吃什麼好。

「要去吃泰式米線嗎？」

「今天想吃西餐。」

「那吃義大利麵？」

飯後，我們一起看電影看到睡著，樸實無華的生活，每分每秒都很快樂。

「知道自己是誰，知道自己想說的是什麼，不理會他人眼光，就是一種風格。」這是對世事具有卓越感性見解的評論家戈爾．維達爾（Gore Vidal）所說的話。若是把自己換成「我們夫妻」，把風格換成「美好的婚姻」，不是也很適合嗎？

結婚後，老婆變了

上星期五晚上，我打電動打到很晚，直到凌晨才入睡，以致我中午才起床。我揉著惺忪的雙眼走出房外，卻目擊了餐桌上剩下半包的麵包袋打開著的衝擊畫面，還有兩個甜甜圈在未密封的狀態下，直接接觸到外頭的空氣。我昨天買麵包回來後就沒開封，家裡就只有我和老婆，該不會……

剛結婚時，我們夫妻倆經常為了各種瑣事吵架，從處理垃圾到打掃的方法，不知吵過……準確地說，是我挨罵許多次。「老公！垃圾桶滿了就要立刻清空啊，怎麼可以一直往下壓？連垃圾桶蓋都蓋不起來了！」「老公！你撒了一地的餅乾屑，怎麼都不掃起來？」「老公！你怎麼這個……」「老公！你怎麼那個……」多半都是因為我生活習慣不好而被臭罵一頓。

下班之後，只要我覺得有點累，就會放任家裡變得亂七八糟，也不打算清理就跑去休息，但老婆看到我這副德性就會很火大。每一次我都會搬出那些因家事而挨罵的老公替自己辯解時說的臺詞：「妳幹麼劈頭就發飆？我不懂的話，妳就該一步一步教我啊，不是嗎？」

當然不是。不擅於打理生活雖屬無知的行為，但期待另一半一項一項教到自己會為止，則是意志力不足的表現。眾所皆知，灑了一地的餅乾屑會招來蚊蠅，垃圾桶滿了會髒亂也是常識。等到老婆提醒自己再改正行為的說法，表示自己並不打算花任何工夫，讓兩人在這個共同生活的空間能住得舒服。有次老婆曾給我看一則網路新聞，是寫關於女性在這方面的難處，我才意識到自己的錯誤，開始逐漸改變自己。雖然改變的幅度有點太小，我還是經常挨老婆的罵，但靠著一點一滴的改變，幾年的時間也這樣過去了。

老婆非常痛恨把食物開封後就放著的行為，因為這樣食物容易變質不能吃，整個家裡還會瀰漫食物的氣味，甚至引來蟲蠅。雖然老婆說，換作是我看到了也不會高興，但我天生是個冒失鬼，三天兩頭就會發生把餅乾罐或麵包袋打開後放著的情況。不過，現在這個問題已經幾乎完美修正了。現在我吃完食物就會立刻清理，剩下的也會放進密封容器放好，餅乾則是打從一開始就另外裝進密封袋，想吃的時候才拿出來吃。

可是現在，昨天買回來的麵包，為什麼會以開封的狀態放在那裡？是我吃了卻忘記了嗎？還是有人偷偷跑進我們家，麵包吃了一半就逃跑？又或者是……

「H，是妳吃了麵包嗎？」

「嗯，我早上肚子餓。」

「可是為什麼袋子沒有封好？」

老婆緩緩露出難為情的笑容。犯人正是老婆，但我完全沒有生氣，只覺得非常吃驚。老婆臉上堆滿笑容，趁我不注意時不知溜到哪去了。但我們家坪數很小，也無處可逃，所以犯人很快就逮捕歸案（？）。

人家說，相處時間久了，夫妻就會越來越像。生活習慣亂七八糟的我和有條不紊的老婆，卻逐漸跨越相似的階段，甚至彼此的取向互相對調。看到有一杯喝到一半的外帶咖啡放在桌上，我怕老婆看到又要說我一頓，正打算趕快清掉，一看才發現那不是我喝的咖啡，讓我倍感吃驚；在廁所辦完大事後，發現沒有捲筒衛生紙時，我也很驚訝。過去老婆總是氣呼呼地說：「用完的人要補上啊！」現在自個兒卻辦完事就閃了。這都是我以前會犯的錯啊，難道老婆是在某一刻變成了我嗎？因此，最近有更多時候是我在對老婆碎碎念。老婆雖然不甘示弱地說我是嘮叨鬼，臉上卻沒有不高興。

「也不看看我是誰的老婆，好歹也要弄亂到這種程度嘛。」真不知道老婆是在說什麼歪理。

還有一個地方變了。幾個親近好友老是說我這人沒有溫度，我既不懂得表現情感，也不懂得體貼或照顧別人，他們說得也沒錯。不過，幸好老婆的性格也跟我差不多。記得婚前和岳父岳母見面時，他們說：「我們家H的個性很強勢，也沒什麼人情味，不過還是希望你能努力，兩人好好的過日子。」不過我們兩個都屬於冷靜派，所以在這點上很合拍，沒有任何問題。

老婆也非常痛恨撒嬌，覺得對男朋友撒嬌就像另一個世界的事。不過，大概在結婚了九年左右吧，某天我們坐在沙發上看電視，老婆卻很不尋常地把身體的重量往我這邊壓，將頭靠在我的肩上。婚姻邁入第十年，我竟突然對老婆有小鹿亂撞的感覺。自此之後，老婆會突然從背後抱住我，或當我將肚皮貼在地上趴著時，跑來坐在我背上。真的就是把我當成坐墊，直接坐在我背上。老婆撒嬌的方式實在很像貓咪，她會沒來由地靠近，把身體靠在我身上，親暱地分享體溫，接著又突然跑去做自己的事。要是這時我黏著老婆不放，她就會朝我的臉使出貓貓飛拳。

我並不討厭老婆偶爾把家裡弄亂、時而撒撒嬌的模樣，那代表她在我們打造的這個空間感覺到安定，卸下了心防。有些人會問：「你們也沒小孩，住在一起好幾年，不膩嗎？」倘若你把婚姻想成是某種相似狀態的延續，希望你能改變那種認知。因為住在一起之後，兩人的關係也會產生眾多變化，而那種變化是很有意思的。

剛才老婆追劇時還看到哭了。原本看電影或電視劇時落淚的人都是我，而老婆每次都會指著我咯咯笑個不停，對我百般嘲笑的。

一點小物欲有益身心

我從小就幾乎沒什麼物欲，當弟弟吵著要爸媽買CD隨身聽等禮物時，媽媽就會問我是不是也要，擔心要是他們只買給弟弟，我會吃醋，但這種擔憂是多餘的，看到弟弟手上的東西，我一次也沒有覺得自己想要。不僅是弟弟，任何人的東西都一樣，就算看到某樣喜歡的東西，我也只會想：「啊，那東西真不錯啊。」大概是拜小時候衣食無虞的生活所賜，當我需要什麼時，父母通常都會買給我，所以我不曾迫切地想要擁有某樣東西，對我來說，物品向來都是「有當然好，沒有也無妨」的玩意。

「老公，用全新的餐具吃飯，感覺更好吃了。」老婆手上拿著新入手的餐具，一臉喜孜孜。最近加入我們家的這些餐具成員來頭不小，可是來自葡萄牙呢，它們身上散發出高貴的灰色金屬光澤，把手則以黑檀木製成（一看就知道很貴），不只有刀叉加湯匙，還有筷子和筷架。

「葡萄牙人也用筷子？」

「最近葡萄牙品牌為了外銷亞洲，連筷子也會放進套組。」

也對，畢竟亞洲在全球市場也是主要客群。但緊接著我又產生另一個疑問：我是因為筷子太舊，要老婆買新的回來，可是為什麼最後提著兩組餐具回來？「老婆，我不是要妳買筷子回來嗎？老婆？」我連續問了好幾次，但老婆也不正面回答我，反而顧左右而言他，說什麼飯吃起來很香。

老婆是個有物欲的人。雖然無法確定她是否從小就這樣，至少結婚時確定是如此。儘管別人家的狀況應該也一樣，但我們結婚時手頭非常緊，不僅戶頭毫無分文，還揹了一屁股債。我們倆擁有自己的審美觀，討厭用醜東西隨便布置家裡，可是又沒錢，那麼方法就只有一個——先把位置空下來，等賺了錢再添購家具。因此，我們的新婚房成了極簡主義者心目中的樣品屋。家有三房，卻只有兩張桌子，一個是老婆的書桌，另一個是客廳的咖啡桌。

老婆留學回來後找到工作，我也一直都在上班，夫妻手頭上可運用的現金也增加了，可是問題就出在老婆真的太愛買了。家裡的空間慢慢地被填滿，我們有了餐桌，老婆又把八坪用的小型冷氣換成買一送一的大型冷氣（多贈送一臺小型冷氣）時，我也只能告訴自己：「等於是更換成該有的配備，不過空著時也滿好的。」

但自從家裡又多了一臺藝人使用的知名德國製空氣清淨機，我就開始歪著頭納悶了，空氣清淨機非買不可嗎？雖然老婆不到購物成癮的程度，但家中一直冒出新的物品，導致我的清空哲學和老婆的填滿哲學間出現了分歧。

「如果要在家做料理，就少不了烤箱。」

「之前沒有烤箱也能煮啊。」

「料理是我煮的，我煮得很累耶。」

「廚房很窄也放不下啊。」

每入手一樣東西，我們就會你一言我一語地鬥嘴。雖然家裡空間確實很窄，但我更不樂見的是藉由購買行為獲得幸福這件事。在我閱讀的眾多書籍中，往往都是用負面的口吻談論消費。年輕時的我下的結論是，要是習慣了消費，就會變成消費的奴隸，到頭來，人只能遵循消費至上的生活風格。古希臘時代，面對說願意給自己任何東西的亞歷山大大帝，第歐根尼這位乞丐哲學家卻要他閃開一點，別擋住自己的陽光。雖然現實中的我沒辦法做到這樣，但我仍把第歐根尼視為榜樣。在那樣的我眼中，自然無法認同老婆熱愛物品的取向，兩人的爭吵也猶如反覆記號一再出現。

直到某一天，老婆好像在公司有什麼不順心的事，陷入低潮。老婆跟我不同，是個充滿熱情的人，也很容易有壓力，這樣的痛苦在所難免。儘管我在旁邊說了些好話，也替她加油打氣，但老婆的心情依然不見好轉。後來我們去了喜歡的百貨公司，在生活雜貨的樓層買了鑄鐵鍋。那是老婆心儀許久的產品，我就當作是讓她轉換心情，下達了購買許可，結果卻讓我大感意外。購物的效果已經超越轉換心情的程度，原本愁雲慘霧的老婆，心情頓時撥雲見日！

「如果用這個煮濃湯、做燉肉燉菜和各種料理，一定很美味。設計也跟我們家廚房好搭喔。我的心情好多了耶。看看漂亮的東西，吃點好吃的，提起精神來吧，加油！」

不過是買了一樣新東西，整個人的心情就變好了，這樣的老婆實在太可愛了。可是原本那麼痛苦，竟然這麼容易就振作？購物這件事的CP值也太高了吧！

我只要心情黯淡下來，要重新恢復光采就需要相當多的過程。我會窩在漆黑的房間度過一段很長的獨處治癒時間，接著翻開書本。生氣時我會閱讀塞內卡的哲學著作，意志消沉時則會閱讀安東尼．聖修伯里的《夜間飛行》，努力把偏離方向的人生箭頭導正。儘管次數並不頻繁（老婆也一樣），但情緒一旦出現動搖，我的恢復期就會很長。可是老婆受到心靈創傷後，依然可以靠一個小小的物品就克服逆境、脫胎換骨，和我漫長的苦惱與讀書行為相比，老婆的購物行為有效率多了。

抛下成見後，我看見老婆從小小的購物行為中獲得莫大的幸福。她會品嘗新開的甜點專賣店的蛋糕，一臉幸福洋溢，也會藉由葡萄牙製的餐具提升食慾。只要買了一樣物品，老婆就會搜尋其他消費者的購買心得，沉浸在喜悅之中。倘若人生的幸福不是別的，而是幸福瞬間的總和，那麼對老婆來說，小小的物欲就等於幸福本身。

最重要的是，老婆認為自己必須用心生活的理由，是從改善日常生活，也就是從「讓我們夫妻周圍的環境逐漸變好」去尋找，所以老婆的物欲不只是出於貪欲，也是一種熱情。

在我獲得小小的醒悟後，我們雙方各讓了一大步：

1. 共同使用的產品，必須在雙方同意下購買。
2. 協議時必須盡量認同彼此的喜好。
3. 享受購買行為的人是老婆，所以消費支出基本上是用老婆的卡支付。從食材到餐桌椅都由老婆購買，但我賺的錢全部存下來償還貸款。

老婆和老公互相交付諒解對方的保證書，從此終結了爭吵的惡性循環——並沒有。我們依然吵吵鬧鬧，但自從我有了這小小的購物領悟後，老婆卻說：「小小的購物好像有點不太夠，該來點大的了……」

許多藝人都在用的德國製空氣清淨機，讓我的鼻炎明顯改善許多。過去每到晚上我都會因鼻塞而不斷吸鼻子，最近倒是睡得很香甜。果然藝人都很有眼光啊。看來如今我老婆也成了購物達人。

機智簡約生活

以前有很多人是屬於「少了湯就沒辦法吃飯」的類型，他們主張除了湯、飯、配菜，還要來點肉，才叫作「好好吃一餐」，每次聽到我都會忍不住歪頭納悶。

我出生於釜山，後來進入首爾的大學就讀，從十七歲開始就搬到外面住。雖然沒有碰到什麼太大的困難，但遇上吃的問題總是很傷腦筋。因為是一個人吃飯，大費周章地準備太麻煩，每餐都外食又很痛苦。故鄉的父母都會寄小菜給我，我也會把小菜分裝好。但說來奇怪，我卻不太吃那些小菜。

我的二十幾歲好像過得有點渾渾噩噩，經歷和女友交往、分手，在某個地方遊蕩，為茫然的未來哀傷，還有借酒澆愁的日子，然後在回到家的隔天，我打開住處的冰箱，看見大型塑膠箱內有父母寄來的小菜。就靠這些吃頓飯吧！等等，這些小菜是多久之前的啊？好像有兩個禮拜了。不對，應該有一個月了。不過是涼拌的，放一個月也還能吃，畢竟朝鮮時代的古人也會事先做好涼拌小菜，吃上整個冬季啊。是啊，吃吧。

最後因腹瀉吃足苦頭後，即便像我這種腦袋不靈光的傢伙，也會頓悟一些道理：放太久的東西就扔掉，覺得可疑的東西就別吃。我的結論是，冰箱只放最少的食物，再看情況補貨。問題是，二十年前的料理包或外送不像現在發達，所以扣除中式餐點、豬腳、披薩等，要訂購其他類型的料理並不容易。於是，把肉片解凍後放到米飯上做成簡單蓋飯，再配泡菜吃，就成了我的日常，隨便打發一餐也成了習慣。

剛結婚時，我們夫妻倆也會在家裡做飯吃。老婆煮飯，我負責洗碗，兩人擠在廚房忙進忙出。因為都是上班族，如果平日有困難，至少週末會在家煮飯，但最後我們放棄了。因為會碰到突然要加班或晚上有約，導致沒辦法在家吃飯，事先準備好的食材也十之八九成了廚餘。飯鍋內剩下的米飯總是散發出餿臭味，最後我將新婚時入手的壓力鍋送給了母親，換成了即食飯。

基於必須好好吃一頓飯的強迫性想法，過去我們無論如何都會想辦法在家做飯吃，甚至當老婆對做菜產生興趣時，餐桌上還會出現媲美餐廳水準的菜餚。我們曾在家吃過麻辣燙，有一次則是大麥義式燉飯。但老婆做菜的興趣也跟她的其他眾多興趣一樣，會在某一刻就無聲無息地消聲匿跡，家裡只剩下各種器具和精美餐具——我要聲明，我絕對不是在指責老婆，雖然還有老婆鍾情畫畫時入手的畫架，對芭蕾產生興趣時入手的芭蕾服，以及迷上烘焙時所入手的各種餅乾模具……

其實我對於老婆失去做菜的熱情倒是樂見其成。雖然有美味料理可大快朵頤，但做菜很耗時，洗碗也很耗時，眼見上班族渺小且珍貴的自由時間瞬間就溜走了，內心真的很煎熬。後來我們決定在家吃飯就簡單一點，而一般週末的模式，就是先到外面「好好吃一頓」，晚餐就在家裡盡可能吃得簡單。也不見得三餐都要吃飯，可以草莓、麵包、希臘優格等食物取代。相較於午、晚餐都吃油膩膩的食物，也減少了腸胃的負擔。

在其他生活層面，也有不少家裡的大小事、打掃或生活起居也盡可能簡化，以達到最大效率。統一用簡約的方式解決後，剩下的就是屬於我們倆的時間，生活滿意度也直線上升。假如有懶惰的自由主義者在苦惱：「結婚後忙東忙西的，應該就沒有屬於自己的時間了吧？」不妨參考我們的做法。不強求形式的簡約生活，可能會是更聰明的作法。

不過，簡約生活似乎也需要夫妻的性格合得來才行。以前曾經有個應用程式會透過詢問「結婚後有打算生小孩嗎？」等與價值觀有關的問題，幫相似的人配對，但婚後我發現，政治理念或宗教等宏觀問題不是太重要（我們夫妻每到選舉都會投不同政黨）。真正該問的是瑣碎的生活偏好，像是「吃飯時，沒有湯也覺得無所謂？」這類的。

夫妻聊天也要有默契

深夜才下班的老婆說自己累翻了，簡單洗漱完就要去睡覺，接著走向洗手間。就在老婆打算卸妝時，卻突然發現我不在旁邊。

「老公！你要扮演你的角色啊！」

正躺在沙發看格鬥運動的我，於是走向洗手間的門口去扮演我的角色。我滑開手機，開始搜尋新聞。

「好的，今天的主要新聞有什麼呢？上頭說中印國境之間發生了軍事衝突呢，好多印度人受傷耶。」

從主要新聞到搞笑文章，我搜尋各種主題說給正在洗漱的老婆聽。在我們家，我負責扮演「在老婆睡前說各種話題給她聽的旁白」。

拍攝動作片時，在設計打鬥場面時很需要配合默契，因為不能在錯誤的時間點揮拳或踢腿，以免真的傷到對方，必須要事先編好動作。我認為如同動作片中拳頭一來一往的橋段般，夫妻間對話時也要有配合默契。開玩笑時，一人負責拋，另一人就要負責接。就像綜藝節目，重要的是要有足夠的對話分量，還要自然地延續話題。我們夫妻之間的對話分量都集中在我頭上，老婆主要是扮演聽眾的角色，而我負責說話。硬要算個比例的話，我的分量是八，老婆是二。

可別誤會了，負責這個角色並不是我自願的。我並不是會主導對話的個性，從小在同儕間向來都是扮演聽眾的角色。因為我對世事所知甚少，加上舌頭比較短，說話會漏風，與人對話時成了致命傷。但二十幾歲時，我在讀書會認識了非常心儀的女生，也就是現在的老婆，只因她說了一句：「我喜歡學識淵博、會講各種事情給我聽的人。」我為了討她歡心，於是預習（？）了各種主題，集中火力在「說話」上，後來這個角色被定型，延續到婚後十年的現在。

老婆並沒有希望時時刻刻都聽我說話，而是只在特定的時候，像是前面說的，當老婆在洗手間洗漱時，還有睡覺前。剛開始我會說自己一整天做了什麼，但我畢竟是個每天只會往返公司和家裡的上班族，過著如倉鼠轉動滾輪般的生活，久而久之，就不知道該說什麼了。

「今天上班後我就開始工作，中午吃了豬肉湯飯，還有什麼，對了，後來我就下班了！」

「老公，很無聊耶。」

我只好使出權宜之計，就是讀新聞給老婆聽。用手機搜尋新聞後，就會有源源不絕的題材跑出來。大學上新聞學概論時提到，新聞的價值在於接近性（proximity）、時效性（timeliness）、影響性（impact）與突出性（prominence）。意思是說，內容越貼近讀者、時間點越近、能對眾人造成影響的，就具有新聞價值。但老婆是「吾家新聞」的唯一讀者，規則不太一樣。老婆雖然喜歡新奇事，但不能講太過殘忍或惹人煩躁的新聞，畢竟老婆一臉惺忪地在洗漱，總不能講殺人事件給她聽吧？大部分的政治新聞也都卡在「煩躁」這關。

所以，要找不怎麼重要卻很有趣或可愛的新聞，好比無尾熊打架的新聞。有兩隻無尾熊在馬路邊互相猛烈撞擊彼此的頭、大打出手，可是兩邊都沒有受到重傷，受傷的反而是看到這幅情景的澳洲人，內心想著：「我們可愛的袋鼠竟然做出這種事，嗚嗚……」

「無尾熊也會吵架？」

「不知道，我還以為不會，大概牠們性格滿粗暴的。」

大概就是像這樣能延續沒營養對話的新聞。等老婆聽到睡著後，我就會悄悄走出老婆的寢室，走向我的房間，開始享受看電影或打電動等嗜好，這樣的生活也延續了好幾年。

不過我最近有了個疑問，我懷疑老婆並不是真的在意我說了什麼「內容」，而是很享受這種「對話一來一往的溫馨氣氛」。有一天，因為新冠肺炎的相關新聞占據了所有網路版面，我就掰了幾則假新聞說給老婆聽。這些新聞都很扯，老婆卻沒有絲毫起疑，好像也沒有很認真在聽，只有當我停止說話時，她才會突然睜開原本闔上的雙眼向我抗議，只要當我的聲音再度散播於空氣中，老婆才又漫不經心地聽著，同時恢復原本昏沉欲睡的表情。既然如此，我過去何必那麼苦惱故事的題材呢？我想來想去，都覺得老婆是把我當成了睡眠時的ASMR環境音。

有人把另一半的聲音當成ASMR環境音嗎？這應該和睡前念書給小孩聽一樣都很普遍吧？

不討厭的小彆扭

「老公，你要送我什麼生日禮物？」

「不知道，我再想想。」

「其實我有想要的禮物耶，要不要這週末去買？」

「已經有想要的禮物當然好啊，但距離生日不是還有兩個月嗎？」

老婆的生日是在七月底，我們對話的當下則是六月初，還要五十幾天才會到老婆的生日，但老婆主張沒人規定禮物要在什麼時候給，而且她的體感上已經覺得自己在過生日了，所以此時正是收到禮物的適當時機。老婆還補充說，七月底買夏季的衣服不是很奇怪嗎？雖然我覺得她是想買夏季的衣服，只是剛好拿生日禮物當藉口，但既然都要買，就讓她開心一下吧。

「H說得沒錯，今天就是她生日！去買禮物吧！」

老婆很喜歡在小地方鬧小彆扭。幾天前我說和別人有酒局要出去，她對我說：「老公，你又要出去喝酒了！今天就待在家吧。」

「哪有『又』？我三個禮拜都在家，今天才跟人約了吃晚餐，而且這禮拜一直出去喝酒的人是妳耶！每天都只留我一個人吃晚餐。」

「住口！」

老婆見自己理不直氣不壯，就開始耍賴，但我覺得那個樣子很可愛。只看這些文字，你可能會想說哪裡可愛，但該怎麼說呢？感覺老婆就像是動畫中那種讓人無法討厭的反派角色，好比說海綿寶寶中的章魚哥嘴硬的樣子，但不會給人惡毒的感覺，或讓人心情惡劣。

「我想吃冰淇淋！」

「我剛說要買回來時，妳不是說不用嗎？」

「我那時不想吃，但現在想吃了。去超商買回來，快點！」

老婆已經超越用站不住腳的邏輯來區分對錯的層次，而且就算意見沒有被採納，也只會「哼！」一聲之後就放棄，所以更可愛了。

看我這樣描述，大家可能會覺得是善良的老公單方面包容老婆，但並不是這樣，偶爾我也會固執己見，只不過我的固執和老婆是完全不同層次。老婆是「不討人厭的小彆扭」，但我是「久久一次卻讓人討厭的固執」。

不久前我們買了自動洗碗機，是老婆說要買，但我持反對意見。雖然老婆提出以減少洗碗時間換取我們相處時間的合理主張，但我就是無條件反對。剛開始我只是笑著反對，但老婆三番兩次提起，最後我撂了狠話：「反正我絕對不會買，話說在前頭，要是妳買了，我就會拿去退貨。」

我對於家裡多出物品懷有一種病態的抗拒感，表面理由是家裡空間很小，也因為我們婚後有過經濟拮据的痛苦經驗。為沒錢發愁的記憶留下了心理陰影，只要購買超過某個金額的物品，我就會心生抗拒，也對此感到過度不安，認為要是一再買東西，久了就會養成習慣。我並不是把自動洗碗機當成一臺單純的機器，而是誇大地將它想成是會讓我們傾家蕩產的信號彈。

但我不敢坦誠說出自己的心情。我害怕一旦脫口而出，就得連同埋藏在內心深處的傷痛一併道出，所以一直找其他理由搪塞。要是詞窮了，還會不自覺用煩躁的語氣跟老婆說話。可是，神奇的來了，平時總是堅持到底的老婆，這時卻神準地掌握了我的心情，放棄了自己提出的主張。「知道了，不過碗盤要按時洗好，如果水槽內堆滿沾上食物的盤子，整個家就舒適不起來了，知道嗎？」

爺爺還在世時，曾經向孫媳婦提供關於婚姻的建言：「妳要在家裡放一面大鏡子，當老公生氣時，就讓他看看那面鏡子。」

我又不是蛇髮女妖梅杜莎，為什麼爺爺要讓我看鏡子呢？想必爺爺的意思是，生氣的人無法察覺自己的樣子有多醜陋，所以透過鏡子見到自己難看的赤裸樣子，火氣就會如雪花般慢慢消融吧。

人畢竟無法完美無缺，夫妻都會有各自鬧彆扭的時候。老婆平時在生活上會鬧小彆扭，我則是偶爾會狠狠地來一次。儘管如此，我們夫妻之所以沒有發生嚴重矛盾，全是老婆的功勞。當我鬧彆扭時，老婆會拉開距離；碰到最糟的情況，則給我溫暖的擁抱。剩下的時候，也都在為婚姻的實際利益著想。儘管老婆並沒有拿出真正的鏡子，她卻以驚人的包容力，讓我得以檢視自身的樣子。

一個月後，七月到來，老婆又向我要了第二個生日禮物。她說自己禮物收得太早，要再收一次才會有過生日的感覺。「生日禮物二號」，老婆挑選了適合在家穿的舒適連身裙。

夫妻都要懂的精神勝利法

精神勝利。

這是中國大文豪魯迅在小說《阿Q正傳》中寫的第一句話。儘管小說主角阿Q每次都遭人輕視、挨打，但他安慰自己，雖然在物質世界中輸了，精神上卻是勝利的。他採用的是這樣的說法：「我任由別人揍我，反而突顯了我的寬容大量。」魯迅寫下這個詞，是為了批判當代中國人毫無改革現實的意志，一心只追求個人享受，但……

那是結婚第二年，公司旅遊去濟州島時發生的事。由於參加的人員有百餘名，就算負責人是個文藝青年，也只能選擇老套的觀光路線，因為能夠容納這等人數規模的地方，就只有知名觀光景點。我已經來濟州島旅行好幾次，因此對行程興致缺缺。也是啦，要在員工旅遊中尋找樂趣，本就是一件強人所難的事。我們一行人去參觀了團客必訪的 O'sulloc 綠茶博物館。就在我無精打采地用小湯匙挖起公司出錢買的綠茶冰淇淋時，手機上有不認識的號碼來電，是替我們辦房貸的銀行打來的。

「請問是李政燮先生嗎？感謝您支持〇〇銀行。這次致電是為了告知您支付貸款利息的帳戶餘額不足，但只要用其他戶頭轉帳過來就行了，請不用擔心。」

掛上電話後我開始擔心，這問題很需要擔心啊，因為根本就沒有償還貸款利息的其他帳號。

這話聽來或許狂妄，但我這輩子不曾為錢傷過腦筋。我出生在中產階級家庭，平時開銷也不大，從大學時期開始，我的戶頭內一直都有足夠的餘額，但婚後情況有了改變。首先，我們買了房子，揹了一屁股債，不過大部分結婚的人都會遇到相同的情況，這部分就先跳過（事實上應該有更多是租屋貧民吧）。問題在於老婆的留學費用。曾是新聞記者的老婆已經厭倦了當記者的工作，夢想可以轉換跑道，經過我們認真討論，她決定去唸MBA，並選擇了兩年制（國內一年、國外一年）的課程。畢竟年紀不小了，如果想要順利轉換跑道，就需要取得國外碩士學位的頭銜。我們大致估算學費、教材費、生活費等加起來的費用後，頓時腦袋一片空白。姑且就只說總額要比我的年薪多上許多吧。

「H，妳有聽到那個聲音嗎？」

「什麼聲音？」

「啪，我的脊椎好像斷掉了。」

我們很認真地敲打計算機，得出了要是我們非常非常節省，（就數學上來看）這件事是可行的結論。老婆去留學那天，我們在機場為必須分開一年而傷心，兩人難分難捨。因為沒錢去國外探望老婆，我們有整整一年的時間都見不到對方。老婆去的是印第安納州，幅員寬廣，但有一大半都是鄉下，老婆說，經常有大型的鳥兒飛來住家陽臺上，我看了老婆傳來的照片，才發現那是神鷲（猛禽類的一種）。在那租屋和柴米油鹽都很便宜，而且學校的保健教室也有提供各種醫藥品，需要花錢的地方少，生活費支出也就低了許多。

可惜的是，最近的超市距離住家數十公里之遠。因為沒錢租車，老婆只能搭乘大眾交通工具，那裡的大眾運輸系統又很落後，老婆生性膽小，所以只會家裡、學校定點往返，天黑後就窩在宿舍。

老婆攻讀的學位必須要有工作經驗才能入學，大部分學生都有公司贊助學費，大家在某種程度上資金都很寬裕，一放假，學生們就一起到處旅行，沒錢的老婆只能待在宿舍裡。就在我為這件事過意不去時，老婆說：「這裡終究還是美國嘛，光是感受美國的氣氛我就覺得很棒了。」雖然不知道老婆說的是不是肺腑之言，但她說自己是親美主義者，能感受美國的一切就已經夠幸福了。老婆跟許多留學生一樣，為了節省餐費，通常都在家煮來吃，外食都會去一家叫「Chipotle」的餐廳。過了很久我才知道，Chipotle是一家便宜的墨西哥連鎖餐廳，當老婆傳照片跟我炫耀時，我只一心想著那些菜色看起來真美味。因為有這樣的經驗，我們現在也很喜愛墨西哥菜色。

由於課程是九月開始，所以留學期間會碰到春假，卻沒想到收到春季要開課的消息，更令人衝擊的是，春季課程還要另外支付學費，金額比我的戶頭餘額要多上許多。

「錢好像不太夠耶，妳等我喔。」

「差很多嗎？不然我也在這打聽一下？」

「沒關係，我能搞定，妳等我。」

現在我所說的貧困不是「持續性的貧困」，而是老婆學成歸國後就會消失的「限定型貧困」，但對於這輩子不曾經歷無錢之苦的我來說，這個情況卻讓我陷入極大的低潮。我把家裡的東西賣掉，籌了老婆的學費，就連我的婚戒也在這時賣掉了。

度過為籌錢奔波的冬末，印第安納州和首爾迎來了春天。已經籌到春季課程學費的我們很放鬆地互傳訊息，這時老婆傳來了照片，那是一個在當二手品販售前就已經是二手物品，就算下一秒就故障也不奇怪的暖爐，以及看起來像是在路上撿回來、實際上也真的是撿來的吊衣架，只見老婆坐在院子裡，眼前擺放了一些品質粗劣的物品。

「妳在幹麼？」

「我來參加車庫拍賣（garage sale）。」

「那是什麼？」

「把平時很少用到、堆在倉庫的二手物品再次賣給需要的人。」

「呃，感覺沒人會買耶。有人買嗎？」

「都沒人買，嗚嗚，不過有個白人小孩看我可憐，買走了一樣東西。」

老婆傳給我一張在物品前面露出哭臉的照片，「哈哈哈」，我用訊息報以幾聲大笑。

「我的理智是悲觀的，但我的意志是樂觀的。」這是大學時期經常接觸的社會主義思想家安東尼奧・葛蘭西（Antonio Gramsci）的名言。我們在人生中會碰到努力也避免不了的辛苦之處。沒了錢、身體出現病痛、遭人背叛，於是內心有了創傷，然而，這時能避免我們被徹底擊垮、咬牙撐下來的力量會是什麼？我認為是「精神勝利」——扭曲看待處境的框架，即便面對悲觀的現實，也能以幽默化解的力量。

我們夫妻倆經歷的微貧困遭遇現在看來不足掛齒，但若是不小心處理，就可能成為兩人起衝突的導火線。因為婚姻中的衝突多半不是由事件本身造成，而是始於彼此如何面對衝突的反應。生活拮据的留學時期，我們夫妻倆用精神勝利法聯合起來，打造出一段沒錢卻充滿趣味的回憶。

「當時明明過得很辛苦，卻覺得很好玩，真是奇怪。」

「就是啊，為什麼？」

有根據的幸福感

我算是早婚的，所以好友們經常問我婚姻幸不幸福。站在不婚或結婚十字路口上的他們，希望能有個參考的意見，但每次我都覺得很難回答。婚姻生活有美好的時候，也有不好的時候，但這樣算幸福嗎？幸福是個很廣義又主觀的概念，我也很難做出判斷。

不久前，我為了制定有關大企業員工幸福指數的企劃，聘請了社會心理學教授並去聽了專題講座。透過原本一學期的課程，壓縮成每天六小時，為期兩天的專題講座，我得到了我的幸福滿意度稍低，生活卻過得很有趣的資訊。心理學家芭芭拉·弗雷德里克森（Barbara Fredrickson）主張的「創造幸福人生的十種正面情緒」尤其令我感興趣。據說如果你在生活中經常感受到以下情緒，就代表你的人生越接近幸福：

1. 快樂

偶然造訪的餐廳卻剛好符合自己的偏好，在特別優惠期間以便宜價格預約平時就很想去住的飯店，這時所感受到的快樂，是我們經常會說「好開心」的那種快樂。想要獲得幸福，並不是只能靠抽象、困難的方法。經常有讓人快樂的事，人生就會幸福，這聽起來跟那些老掉牙的說法沒兩樣，但我認為這句話說得很對。我們夫妻就很努力追求快樂，現在我們仍四處打聽江北最棒的義大利餐廳，吃遍美食。幾天前享用的白醬義大利麵，可謂是快樂的最佳化身。

2. 樂趣

一起看綜藝節目《玩什麼好呢？》咯咯笑不停時，這種「咯咯笑」

就是一種樂趣。有樂趣就夠了？越聽我就越覺得幸福也沒什麼嘛。據說經常感覺到有趣的人生也是幸福的。我們夫妻就經常笑——雖然老婆也常常生氣——但總之我們是笑口常開的，所以沒關係。

我爺爺生前是個不苟言笑的人，因為從小就接受男子漢不能輕易表露情感的教育。當爺爺看到我時，就會很稀罕地露出笑容，但可能是平時很少笑的緣故，爺爺笑的時候會皺起眉頭，顯得很不自然。儘管我很尊敬爺爺，但我認為他的人生與幸福是有距離的。嚴謹的人生雖有其價值，卻與幸福的人生相去甚遠。

3. 感謝

據說要是經常對他人心懷感謝就會變得幸福，我懷疑是否真是如此。我和老婆互不相讓，都要對方感謝自己。「老公，你如果沒有我，一個人生活的話，一定會整天吃微波食品，搞壞自己的健康。

能娶到我可是你的幸運。」「哎喲，妳看妳說的。要是沒有我，妳搞不好就要孤獨終生了，不該感謝我嗎？」我們都堅持要對方感謝自己，但我們還是覺得很幸福。關於幸福的情緒，我要追加一個新的理論：當「我」經常感覺到「對方的感激之情」時，也會帶來幸福。

4. 希望

是指明天會比今天要好上一些的感覺。人類無法只靠今天的幸福活下去。因為我們是會擔憂未來的存在，只要經常感覺到希望，就會覺得幸福。大家都問我們，年紀大了，只有我們夫妻倆不覺得孤單嗎？這也等於是拐個彎對我們說：「沒有孕育下一代，能有什麼希望？」對此我並不否認。正如他們說的，我們可能會產生毫無希望的感覺，但我們決定在他人眼中看似一再重複的生活中尋找小小的進步。明年我們要存錢買張舒適寬敞的沙發，若是能一起坐在那張沙發上看電影，一定很幸福吧。老婆在公司獲得升遷，而我可以再寫一本書，想像五年後或十年後，我們的身邊想必也會發生微小的變化吧，光是這點希望，我認為就已經足夠了。

除此之外，還有平靜、興致、自豪、敬畏、靈感、愛等情緒。教授補充說，假如其中有平時很少感受到的情緒，就必須更積極地去追求。在專題講座中，最令我印象深刻的是這個研究結果：相較於情緒的強度，情緒的頻率對幸福造成的影響更大。比起偶爾感受到極大的樂趣或快樂，經常感受到瑣碎的樂趣和快樂的人，更可能認為自己是幸福的。

我們夫妻也曾經歷困難，有時是因為金錢，有時則是因為自私而引起各種爭執。那些傷痕會在兩人的心中日積月累，突然張牙舞爪地冒出來，導致我們做出錯誤的言行舉止，也導致我們的人生變得「不幸福」。要修正這種心態不需要什麼了不起的方法，只要經常覺得生活是有趣的，或是讓人充滿興致，這些情緒就會化為「人生也不算太壞」的想法根基。擁有「好心情」的感覺會如存款般慢慢累積，幫助我們戰勝某一刻面臨的困境。

不過，要是每天都只有好心情也會造成問題。芭芭拉的著作《讓內在的正向積極翩翩起舞》就提到負面情緒所扮演的角色。書中說，憂鬱、挫折等負面情緒會讓人回顧自己的人生，反省自身的失誤，要是每天心情都很好，對生活卻毫無計畫就糟了。正面情緒與負面情緒的適當比例，從十一：一到最多三：一。開心三次後，有一次不開心是無妨的。

什麼才是真正的溝通？

演算法這玩意很玄，老是讓我看到跟貓咪有關的內容。我的社群網站上經常出現「貓咪最討厭的五種行為」「新手鏟屎官如何讓主子開心」等愛貓人士會喜歡的內容。但我並沒有特別喜歡貓，也不曾搜尋「貓咪」這個關鍵字，可是某一天，社群網站上卻出現一篇標題寫著「原本發出呼嚕聲的貓咪，卻突然變臉並伸出貓爪」的報導。我的指尖朝向連結移動，因為我真的很好奇。這是我照顧母親養的貓咪時會碰到的狀況，當貓咪親暱地在我身邊磨蹭時，若我伸出手撫弄牠的脖子，貓咪就會開心地發出呼嚕聲，但又會在某一刻突然咬我的手指，甚至還曾見血。出於好奇，我點下了連結，沒注意到演算法在暗地裡露出得逞的微笑。

這篇文章是從日本貓咪雜誌《貓咪的心理》報導翻譯過來的，上頭寫說，貓咪的內心同時存在四種不同的心情：當父母的心情、當幼貓的心情、當伴侶動物的心情、當野貓的心情。有時牠們會像父母一樣照顧鏟屎官，有時會像孩子般渴求關愛。畢竟人類的內心也大約有四種心情模式，所以和我們沒什麼差別，但貓咪的特徵在於牠們可以瞬間改變心情模式。好比牠們會覺得心情好好，接著突然產生「獵物出現了，出擊！」的念頭。既然是動物，情緒的變化不是會分階段嗎？牠們卻會在短時間內顯現「撒嬌↓冷漠↓不安↓狩獵」等模式。報導中的動物學者表示，貓咪的心情會暴衝的原因，在於牠們是獨處的野生動物，並不會成群結隊，所以完全不會顧慮外界的眼光。

那麼，我老婆突然變臉的原因又是什麼呢？新婚時，我們會在週末一起外出、在家看電影，本來都好好的，老婆卻突然為了一些微不足道的理由大發脾氣，讓我頓時滿臉問號。老婆發脾氣的原因，基本上是我把可回收垃圾丟到一般垃圾桶，或者沒有把窗戶關上等。如果我要老婆別生氣，她反而會拉高嗓門，看到老婆的樣子，感覺就像看到哲基爾博士與他分裂的人格「海德先生」。我也不甘示弱地動了肝火，於是週末夜晚，我們經常氣呼呼地各自回房。

「女人生氣都沒有什麼原因，純粹是想要發脾氣。」我不時會聽到身邊的男性這麼說，所以我把老婆生氣這件事當成一種自然災害，一種沒來由會發生的狀況，是必須硬著頭皮熬過去的事件，但這種想法是徹頭徹尾的錯誤。經過多次爭吵，有次老婆才冷靜地跟我說，她並不是突然發飆，而是因為我完全沒把她持續提出的要求聽進去，最後忍無可忍才爆發。

因為我們住的樓層很低，對我來說只不過是窗戶沒關而已，卻會讓老婆產生可能有人會闖空門的恐懼感，她才會三番兩次要求我關窗，我卻只是聽過就算了，放著打開的窗戶不管。老婆是在各種要求都遭到無視後，才針對特定某件事發飆，我卻以為老婆只為了這麼一點小事就生氣，還反問她哪有這麼嚴重。聽到我這麼說，老婆的情緒自然會爆炸。

夫妻對彼此的包容不會自動出現，只用耳朵聽並不算是在溝通；有心了解對方想要什麼，才是真正的溝通。唯有溝通，夫妻才能互相包容。我竟然完全沒去了解老婆發脾氣的原因，只注意到「生氣」這個表象，我這人也真是少根筋。理解老婆的不滿後，我開始慢慢改變自己。我會把吃剩的食物裝進密封保鮮盒，不會把垃圾硬塞進已經裝滿的垃圾桶。儘管我還是會犯（很多）錯，但知道我會把她說的話聽進去之後，老婆也比先前更願意包容我。

有次朋友在酒席上問我：「你不會想回到二十幾歲的時候嗎？」我則反問：「帶著現在的記憶嗎？」因為當時已經喝醉了，我想不起後來說了什麼，但倒是能預見會是什麼樣子。無論是抹去記憶或保有記憶，我的答案都相同。假如抹去記憶回到年輕時，我可能不會和老婆相遇，或者就算交往了也會因吵架而分手。如果保有記憶，就得把和老婆經歷的一切再走一遍。我們的關係之所以契合，是透過解決數不清的衝突打造出來的，這輩子目前已經達到了最佳狀態，我也沒自信能再次辦到，所以我並不想回到二十幾歲。

意外成為笨蛋的兩件事

1. 合理的育兒法

或許是物以類聚吧，我身邊幾乎沒有養小孩的朋友，大部分年紀都跟我差不多，從三十五歲到四十歲出頭，所以照普遍觀念來說應該是要有小孩了，實際上卻不是這樣，甚至朋友圈中多半是頂客族，有生小孩的反而屬於特殊案例。直到有一天，朋友A有了小孩，頓時受到我們的關注。「噢，這就是叫作小孩的生物嗎？」大家就像在觀看人類滅亡的科幻電影中的一幕，新奇不已。

A的育兒生活也在許多方面吸引了我們的目光。首先，明明老婆才生完小孩沒多久，他卻出現在酒局上。通常開始育兒後，奶爸就會推掉所有邀約，就算晚上有飯局，也多半會帶小孩一起來，A

卻獨自赴約，吃飽喝足後才回家。我擔心他會不會跟另一半吵架，有次問了A，結果他說，夫妻其中一個顧小孩時，另一個就可以擁有自由時間。等孩子稍微大一點，睡覺時間也逐漸固定時，還能一起去旅行兩到三天。

必須育兒的父母幾乎是被關在家裡，許多事都會造成壓力，但A和另一半在育兒之餘仍替自己安排最少要有的喘息空間，這樣的作法在我眼中非常合理。我心想，「看來其他夫妻都是因為無法擺脫刻板印象，才找不到有效率的方案啊。」所以我便四處向身邊的人稱讚A夫妻的育兒法。

「搞不好也有很多夫妻辦不到啊。」聽到我的稱讚後，A回答。

A從事音樂工作，很多時候是在家工作，自從小孩出生，夫妻就共同擔負育兒責任，久而久之，孩子也對爸爸產生熟悉感。就算媽媽不在，只跟爸爸待在一起，孩子也不會焦慮不安。假設孩子不是對爸爸、媽媽都很熟悉，那麼其中一人就很難放下孩子獨自行動，導致夫妻必須同進同出。

「生小孩後我們想了很多辦法，想必大家都是身不由己，這真的不容易。」聽完A的經驗談，我又再次領悟到，果然人都不是傻子，會在各自的情況中選擇最佳辦法，真正的傻子，是妄下判斷的我。

2. 以為是浪漫，其實是路痴

我們常會聽到大家說，男人的空間認知力好，女人的語言能力出色，我對這句話卻沒什麼共鳴，因為我們夫妻恰恰相反。老婆的空間認知力很強，就算開車沒有導航，也能在首爾市區的大街小巷穿梭自如。相反的，我是個不折不扣的路痴，連去公司的路也只記得大概。舉例來說，我只知道公司的方位是在我們家的東南方。我當然知道公司的地址，要搭乘大眾交通工具去公司也不成問題，但我不知道要走哪條路。假設我搭上了計程車，司機問我：「要走○○路嗎？」我只能回答：「好的，請走那條路。」

關於我成為路痴的原因，根據我個人主觀的分析，首先路痴的空間認知力本來就很弱。有一次我在參加企業性向測驗時碰到了圖形問題，要求參加者從圖形的正面和側面來推敲後面長什麼樣子，我完全猜不出來，朋友倒是三兩下就答出來了。

「你怎麼猜到的？」

「呃……不是可以想像出來嗎？」

這表示每個人先天的空間認知力確實有差異。

但空間認知力不足不過是成為路痴的開始，更重要的原因在於「文學的想像力」太豐富。無論看到任何場景，路痴都會沉浸在自己的內心世界。「還以為這一帶熙熙攘攘，沒想到巷子的氛圍好清幽啊。朦朧昏暗的巷弄，從店面的小窗透出的溫暖光芒，將街道點綴得閃耀動人呢，以前在東京迷路，不小心走進只有當地人居住的社區時就是這種感覺。當時為了找餐廳累得半死，哇，不過那也變成一種回憶了耶。」走在解放村的巷弄時，我會像這樣沉浸在空間帶來的諸多感受，當然不可能記住任何地理方位。

假如說文學的想像力引我走上路痴之途，那麼浪漫的性格則將我打造成完全的路痴。人呢，唯有當行動帶來某種非常令人痛恨的結果時，才不會重蹈覆轍。假如我覺得在路上徘徊很痛苦好了，下次我就會屏除雜念，努力記下路徑，但假如我迷路了，卻心想：「哎呀，反正目的地遲早會出現吧，所謂的人生就是一趟旅程啊，既然如此，我就悠閒地來散個步吧。」那麼迷路的戲碼就會一再上演，到最後即使經常迷路也能若無其事，也就是變成路痴。

有次老婆說：「為什麼我們明明這麼常來弘大商圈，卻每次都會迷路？」我提到了自己的文學想像力和浪漫的性格，並露出淺淺的笑容，問老婆覺得跟念文科的人結婚的心情如何，老婆要我廢話少說，問我到底現在是要去哪裡。果不其然，為了尋找餐廳而在巷弄之間闖來闖去的我們，不知不覺地跑到了望遠洞一帶。

「話說回來，聽說望遠洞最近也不錯耶，我們就在附近找家餐廳……」

「我要回家了！」

從夫妻變老伴的養老準備

老婆看著鏡子，不知在瀏海上抹了什麼，我走過去問她在幹麼，老婆瞪圓眼睛說：「為了省錢，我正在自己染髮！」感覺老婆是在對我平時訓誡她少花錢表示抗議，但她的這番說詞我可不買帳。

「為了省錢自己染髮？妳為什麼要說謊？」

「被你發現了，是因為這裡長了一點白頭髮，所以我買了染髮劑回來。」

白頭髮？我看了老婆額頭上方，果然有幾根白頭髮。老婆長了一張娃娃臉，個子又瘦小，從十五年前初次見到她到現在，我都不覺得她有變老，看到她突然長出了白頭髮，不免感到衝擊。我們的確是老了啊。

跨越四十歲的同時，我們也開始規劃老年生活，思考等到我們變成老爺爺、老奶奶時該怎麼過日子。儘管並不是養兒就能防老，但沒有小孩確實加深了煩惱，就怕有個萬一，到時沒有能依靠的對象。就算退休了也需要養老金，身體會逐漸衰老，所以也要做好配套措施。要是生上一次重病，醫療費就會把國民年金耗盡，雖然我們對投資沒有半點興趣，但也決定要從現在開始慢慢規劃。

比我更有數字概念的老婆開始玩起股票，她說有賺到錢，但我從來沒過問細節。老婆肯定是拿只有眼屎般大小的閒錢去玩，無論是賺錢或賠錢，金額都只會是芝麻粒般的大小。假如有一天老婆對我說：「老公，其實我過去靠股票賺了一億元。」我也不會上當的，那是絕對不可能的。總之，儘管我如此嘲笑、低估老婆的能力，但老婆是在大企業負責企業併購的部門任職，在股票同好會中也負責企業分析，算是頗具專業能力，所以我們家的投資重任就由老婆負責。

我們直到最近才把不動產當成一種投資。現在住的地方是我們第一次買的房子，不過婚前買房時，我們才沒在管什麼投資不投資，只要住起來舒適就行了。想到當時我們身上有的財產，更是跟投資沾不上邊。即便到處借錢，能買的房子選項依然很少，而我們就在其中選擇了不會太外圍的區域。當初向銀行貸款時，我的雙手抖個不停，直到現在大多數債務都已償還完畢，要開始思考下一個居住的地方，我也很自然地考慮起往後會上漲的房價。

以個人偏好來講，我希望能住在首爾近郊的獨棟住宅，把這個房間當成工作室，那個空間當成花園。我天馬行空地想像要如何布置空間，但想到終究只有首爾蛋黃區的房價會升值，於是搖頭甩掉腦中那些畫面。就在首爾的市中心多住一陣子，之後拿房子脫手後的一大筆錢，去買我們真正想住的家吧。

退休計畫從養老金開始。金錢，健康、喜好、人際關係，這四個缺一不可。健康的重要性大家都知道，所以就跳到喜好。身邊上了年紀的長輩說，年紀大了，開心的事會慢慢消失。我到現在還是很鍾情杯中物，也很喜歡打電動，覺得好玩的事還多得很，所以沒有太深刻的感覺。不過聽到那句話之後，確實感覺人生不像年輕時那麼有趣（果然沉重的話題乾脆別聽比較好）。

二十歲時，光是望著濟州島的大海就會幸福洋溢，但現在得仰望法國巴黎的天空，才會有同等的感動。無論眼前看見什麼都興致勃勃的年紀已經逝去，所以我決定積極拓展自己的喜好。我刻意去尋訪美食餐廳，目前也準備再次參加三十幾歲時曾短暫加入的讀書會。這輩子沒下過廚的我，也在考慮要不要試試看。

接下來是能為寂寥的老年生活增添色彩的人際關係。曾是雜誌記者的我會逼自己拓展人際關係，因為要有人脈才會有資源，有資源也才能寫出報導。但隨著我辭掉記者工作，拋棄既有的人際關係之後，我也迅速地被打回內向人的原形。人是無法離群索居的，幸好老婆跟我很談得來，所以不必擔心這輩子會沒有說話的伴，但如果太過依賴老婆，想必她也會感到厭煩。最重要的是，人必須與他人溝通，接受全新的刺激，也要懂得回頭檢視自己，因此即便夫妻關係再幸福，活在只有夫妻兩人的世界都不怎麼吸引人。和各式各樣的人建立並維繫愉快的關係，互相溝通，是養老準備不可或缺的。

因為我們沒有養小孩，碰到滿口育兒經的對象就無法招架。有次去參加有小孩的夫妻聚會，那可真是自找苦吃。如果只是需要毫無靈魂地答腔一兩次也就算了，就算朋友有養小孩，只要會說些育兒以外的話題也沒關係。現在我正和一群對威士忌有興趣的朋友聚會，大家都沒有生小孩，喜好也很多元，所以不管是威士忌或新上映的電影，話題五花八門。金錢、健康、喜好，乃至於人際關係，因為沒有小孩，我們夫妻倆除了專注經營兩人生活，同時也為年老的生活細節做好準備。

可是，在內心深處我是明白的，無論準備得再徹底，年老的生活終究都無法擺脫憂鬱。從某一天開始，每件事都會慢慢走下坡，像是患了感冒卻怎麼樣也不見好轉，親近的好友一個個接著離開。我無法忘記二十七歲那年的冬天，我到爺爺家玩時見到的餐桌風景。在座有爺爺、奶奶，還有其他上了年紀的親戚，但沒有年紀輕的一輩。氣氛很寧靜，走向人生終點站的這些人，身上所散發的氣息令人憂鬱。變老這件事，我也躲不過。

所以，為了迎接老年生活，還有一件事需要準備——享受當下生活的習慣。這是一種無法預見未來（也不去考慮未來），只著重眼前事的無知（同時又是睿智的）。艾倫．狄波頓（Alain de Botton）在著作《工作！工作！影響我們生命的重要風景》中說道：「或許這一切終究都是生活的智慧。依循賢者的教誨為死亡做準備，是過度推崇死亡的行為。……我們的工作至少會幫助我們分心，不為死亡執著。它能幫助我們擺脫更大的痛苦。」

假如閱讀此書的你恰好是頂客族，希望你能敞開心房擁抱這個事實：無論做再多準備，我們年老時都無法全然幸福。畢竟我們這輩子活著，並不只是為了最後一刻的善終。

善終的決心

想必像我們夫妻一樣把死亡的話題掛在嘴邊的人不多。我們談論的不是他人的死亡，而是我們的死亡。

「老公，等我們活到八十歲左右，一起去安樂死合法的國家吧！」

「不過最近醫學發達，就算八十歲也還是生龍活虎啊，等八十歲再看情況吧。」

「要是全身都是病痛，我就不打算再活下去了。」

「好啦，那一起去吧。」

這種大家避諱談論的話題，我們卻是一邊吃著司康配咖啡，一邊很自然地聊著。

我們沒有生小孩，不免會對人生的下半場感到擔憂。少了能照顧我們的子女，我們必須互相扶持，卻很可能無法如願。雖然我們總說要像桃園結義那樣約定同年同月同日死，但就現實面來說，這樣的可能性並不大。等上了年紀，身邊的人也所剩無幾的狀況下，假如就連成為心靈依靠的老婆也不在了，該有多孤單憂鬱啊！光是想像都覺得可怕。因此，偶爾我們會思考如何一起結束人生。

假如原本兩人都健在，其中一人卻突然消失，這在各方面都會造成問題。我曾經看著爺爺有近一年的時間躺在醫院病床上，慢慢地走向人生的終點，那個過程實在太痛苦了。看著爺爺連話也沒辦法好好說，就這麼度過一個又一個月，心裡真的很煎熬。後來很自然的，除了人生的健康幸福，我也開始思考如何善終。老婆也跟我有相同想法，不知道去哪裡打聽到消息，率先跟我說：「聽說如果不打算接受維生醫療，只要在衛生所申請就行了，我們一起去辦理吧。」後來再進一步詢問，發現維生醫療抉擇真的可以在衛生所申請，或者在「國立維生醫療管理機關」網站上也可查到詳細內容。

幾年前，在我短暫擔任新聞記者時，曾經去採訪過高級安養中心。那是「韓國社會兩極化」系列報導中的一篇，我所採訪的是一家寬敞舒適的安養中心，不僅有各種便利設施、規劃散步路線，甚至連高爾夫場都有。支付一大筆金額後，直到離開人世的那一刻為止，都能享受這裡所有的設備與服務。那間費用昂貴的安養中心不僅照顧長者的身體健康，也花了不少心思打造他們的精神健康。為了讓老人家的日子能過得開心，安養中心會幫助他們培養各式各樣的愛好，也安排團體活動，好讓長者能建立情誼。當時我把什麼「韓國社會兩極化」的採訪目的全拋到腦後，一心只想著：我以後也想住在這裡。

我們倆甚至還把要如何離世寫在筆記本上。「假如我們兩個到了八十歲時，身體狀況都不怎麼樣，我就和〇〇〇去〇〇國家……」細節涉及隱私，所以在此省略，重要的是我們想得非常具體。想必有些人會說：「既然會這麼孤單，乾脆就生孩子啊。」但我一開始不就說了，我們是邊吃司康配咖啡邊聊這個話題的。沒小孩的人生VS有小孩的人生，我們在經過比較兩邊的優劣後做了決定：沒有小孩，夫妻倆能全心全意集中在彼此身上，人生的每一刻也能全然沉浸在自己的成就與喜悅上。最重要的是，關於這種善終，我也做出了屬於自己的結論。

導演米歇爾．龔特利（Michel Gondry）的電影《泡沫人生》，將一對男女的短暫愛情描寫為一部超寫實的奇幻劇。他的另一部電影《王牌冤家》更可看作是進階版的奇幻劇。在此要先提醒各位讀者，接下來有雷，而且《泡沫人生》的故事難以用文字說明，好奇的人可以搜尋一下圖片，再讀接下來的段落。

電影中出現了只要彈奏鋼琴，就會有與旋律相吻合的雞尾酒蹦出來的「雞尾酒鋼琴」，以及在天空上四處漂浮的「雲朵汽車」。一對性格開朗、擁有精緻高雅品味還很多金的男女，編織起夢幻的浪漫愛情。他們在舉辦超現實的婚禮後去了蜜月旅行，女主角卻偶然吞下一顆花的種子，並染上怪病，胸口長出了花朵。為了治好妻子的病，男主角傾家蕩產，但用盡各種方法，最後妻子仍不幸離世。

因為身上已身無分文，男主角只能替妻子舉辦寒酸的告別式，電影中的教會牧師說：「這將會是一場令人生厭的告別式。」接著，片尾曲的旋律響起，歌詞是這樣唱的：「我認為愛情能降臨就是種幸運。它帶來歡笑、帶來淚水，也創造許多回憶。然後，當死亡的那一刻來臨，不會有任何懊悔留下。」

我們經常認為，即便中間的過程很痛苦，但只要結局是好的，人生就是幸福的，但只能是這樣嗎？《泡沫人生》中的主角活著時擁有夢幻美好的幸福，只因最後一刻是不幸的，我們就要將其視為悲傷的人生嗎？我拒絕這種把人生看成故事的起承轉合，只問結果的方式。即便最後一刻是不幸的，只要過程有著滿滿的回憶，那麼當死亡的那一刻來臨，也不會留下任何後悔。我們夫妻倆之所以若無其事地談論死亡，也是基於這樣的理由。

兩個個人主義者的婚姻生活

「老公，快起來。」

週末的早晨，我在老婆的催促下醒來，看了一下時間，發現接近中午了。老婆好像已經運動完回來，身上穿的是運動服。老婆問我：「我們中午要吃什麼？」中午該吃什麼好呢？雖然有事先買好的小菜，但好懶得拿出來裝盤。我們達成共識，決定簡單吃就好，一前一後走出了家門。

「叔叔好。」

「嗯，你好啊。」

我們在電梯裡遇見了非常有禮貌的鄰居小孩。一見到我，小朋友就以洪亮的聲音打招呼。我們到附近的麵包店買麵包和咖啡，這次老闆也向我打招呼。因為居家辦公的次數頻繁，我每兩天就會去光顧一次麵包店，就連老闆也認得我了。後來才知道，原來老闆也跟我們住同一棟大樓，我們的大樓果然是個風水寶地啊。

回家後，我和老婆一起坐在沙發上，一邊看著介紹電影的節目，一邊享用麵包和咖啡。老婆把腿擱在我的膝蓋上，可以感覺得到努力運動後，腿部肌肉變結實了，就像接受訓練的選手一樣。老婆非常童顏，長得很孩子氣，我講了些沒營養的話，跟老婆說這雙有肌肉的腿跟她很不搭，馬上招來一頓數落。

老婆說晚上和朋友有約。今年我為自己定下研究羅馬歷史的目標，但我擔心一翻開歷史書就會失去興趣，所以打算先從以羅馬為背景的小說讀起。白天就來看個書吧。老婆正在為外出做準備，要我幫忙挑搭配衣服的鞋子，但她的時尚美感比我強，我認為沒必要替她挑，但老婆說：「不會啊，穿上你幫我挑的鞋子，我才會更有精神。」於是我很仔細地看了看衣服和鞋子，給了意見，等老婆外出後，我播了音樂，一個人坐在沙發上發呆。

我的特技就是消耗時間。音樂聽到一半，我也會看點書，泡杯咖啡，邊喝邊享受個人時光。身為行銷代理商的編輯，平時每分每秒都得配合別人的行程，因此過完替別人工作的平日，能以自己的步調度過週末，就成了我的療癒時間。

週末時，我和老婆兩人常會一起吃飯，有時也會碰到其中一人有約的狀況，我就得一個人吃飯了。不論是我或老婆，都不怎麼在意獨自吃飯這件事。我打開外送APP，搜尋該吃什麼才好。我點的分量很充足，要是剩下來也可以當消夜。吃完飯後，為了幫助消化，我玩了運動遊戲，之後開始打掃家裡。老婆打電話問我在幹麼，儘管我每次都回答：「就待在家。」但老婆並不是真的好奇我在做什麼。

老婆回來後，夜裡我們一邊喝咖啡，一邊追狗血電視劇，內容是在訴說家族之間的勾心鬥角。

「他上次不是死了嗎？」

「沒有驗屍就不算死了。」

老婆再次把雙腿擱在我膝蓋上。老婆的體重只有我的一半，腿也很細，我看著她的腿覺得很神奇，結果老婆問我說在看什麼。「妳的腿跟我的手臂一樣粗。」我邊笑邊說，然後心想，這真是兩人世界的完美瞬間，真希望這種幸福的日子能長長久久。

有人說，婚姻是兩家人的結合。這代表結婚不只是相愛的男女、女女或男男之間的事，而是涉及兩個家族的事，也意味著家人多了一倍，但我很討厭這個說法。我並不是討厭名為家人的存在，雖然自己這樣說可能會被人笑話，但我算是很照顧兩家父母的類型。儘管如此，我之所以不認同結婚是兩家人的結合，是因為在我的認知中，婚姻的預設選項只有兩個人。

能自行做選擇與無條件非做不可，兩者間有很大的差異。雖然照顧家人是件好事，但它只是一種選項。結婚的兩人的幸福比什麼都重要，因此婚姻不是兩個家族的結合，而是兩個人的結合。

再深究下去，甚至婚姻也不是兩個人的結合。我並不喜歡雙方猶如起化學作用後發生變化的模式，也深信世界上沒有什麼比原來的個人更重要。因結合而改變的兩個人說不定會互補得很好，也可能改變後卻失去自我。就算對方的行為有我不喜歡的一面，只要不會危及關係，就必須去接受彼此的差異。反過來也一樣，就算對方不滿意我的某個部分，他也必須接受。就這個角度來看，婚姻不是兩個人的結合，而是兩個人的共存。

村上春樹曾為好友女兒的婚禮寫了以下這段紀念的話：「小香小姐，恭喜妳結婚了。因為我也只結過一次婚，所以不是很懂，但婚姻這件事啊，美好的時候真的非常美好。碰到不怎麼美好的時候，我總會努力試著想點別的。不過，美好的時候還是非常美好的。但願妳的婚姻會有許多美好的時候，要幸福哦。」

有許多美好的日子，才會是美好的婚姻，至於碰到不怎麼美好的時候，就想點別的吧。

在婚姻裡，可以兩個人狂歡，也要一個人暢快／李政燮（이정섭）著. 簡郁璇 譯. -- 初版. –
臺北市 : 時報文化，2022.11；面；14.8 × 21 公分. --（LOVE；045）
譯自：두 개인주의자의 결혼생활

ISBN 978-626-335-991-8（平裝）
1.CST: 婚姻 2.CST: 兩性關係

544.3 111015213

ISBN 978-626-335-991-8
Printed in Taiwan.

LOVE 045

在婚姻裡，可以兩個人狂歡，也要一個人暢快
두 개인주의자의 결혼생활

作者 李政燮｜**譯者** 簡郁璇｜**主編** 尹蘊雯｜**執行企畫** 吳美瑤｜**封面設計** FE設計｜**編輯總監** 蘇清霖｜**董事長** 趙政岷｜**出版者** 時報文化出版企業股份有限公司 108019 臺北市和平西路三段240 號 3 樓　發行專線—(02)2306-6842　讀者服務專線—0800-231-705・(02)2304-7103　讀者服務傳真—(02)2304-6858　郵撥—19344724 時報文化出版公司　信箱—10899臺北華江橋郵局第99信箱　時報悅讀網—www.readingtimes.com.tw　電子郵件信箱—newlife@readingtimes.com.tw　時報出版愛讀者—www.facebook.com/readingtimes.2｜**法律顧問** 理律法律事務所　陳長文律師、李念祖律師｜**印刷** 紘億印刷有限公司｜**初版一刷** 2022年 11 月18 日｜**定價** 新臺幣 330 元｜（缺頁或破損的書，請寄回更換）

時報文化出版公司成立於1975年，1999年股票上櫃公開發行，2008年脫離中時集團非屬旺中，以「尊重智慧與創意的文化事業」為信念。